スキー
コブ攻略
バイブル

F-style代表　　Ski-est代表　　DIRECT LINE
　　　　　　　　　　　　　スキースクール代表
角皆 優人　佐藤 紀隆　小保内 祐一 著

はじめに
コブは永遠の挑戦

　21歳でフリースタイルスキーに取り憑かれた時から、コブは私にとって重要なテーマとなりました。また25歳で後遺症の残る怪我をした時から、コブを滑るテクニックは避けて通れないテーマとなりました。

　選手とコーチ、そして指導者としての自分を振り返る時、原田メソッド（大谷翔平選手が採用した成功法）の上達方法を思い出します。それは①たくさんやる、②工夫する、③（成功者の）マネをする、というものです。

　私は日々たくさんのコブを滑り、可能な限り工夫を凝らし、そして有名選手たちのまねをして、気付いたら50年になろうとしています。その間、コブは人生の課題であると共に、喜びでもありました。コブは永遠の挑戦であり、その果てしない世界に魅了され続けてきました。私の尊敬するコブスクールの校長は「コブを滑っている限り、若い心でいられる」と言いました。ある校長は「コブは人生みたいだ」と言いまし

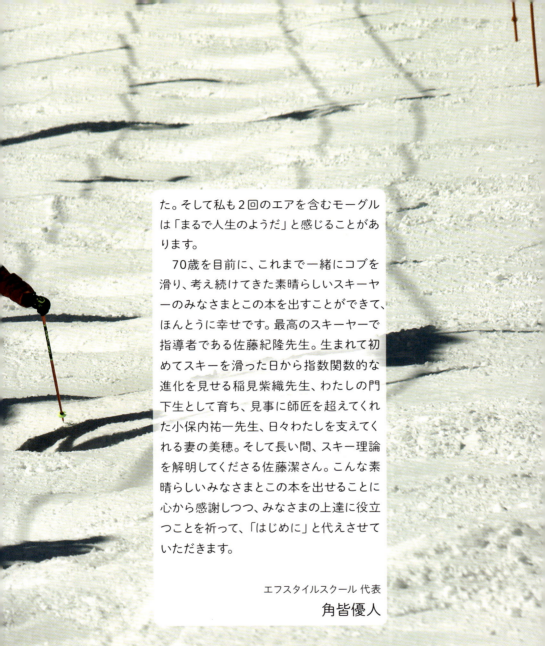

た。そして私も2回のエアを含むモーグルは「まるで人生のようだ」と感じることがあります。

　70歳を目前に、これまで一緒にコブを滑り、考え続けてきた素晴らしいスキーヤーのみなさまとこの本を出すことができて、ほんとうに幸せです。最高のスキーヤーで指導者である佐藤紀隆先生。生まれて初めてスキーを滑った日から指数関数的な進化を見せる稲見紫織先生、わたしの門下生として育ち、見事に師匠を超えてくれた小保内祐一先生、日々わたしを支えてくれる妻の美穂。そして長い間、スキー理論を解明してくださる佐藤潔さん。こんな素晴らしいみなさまとこの本を出せることに心から感謝しつつ、みなさまの上達に役立つことを祈って、「はじめに」と代えさせていただきます。

エフスタイルスクール 代表

角皆優人

CONTENTS

はじめに　コブは永遠の挑戦	2

序章
コブ攻略の基礎知識
7

ズルドンの是非	8
コブの滑りの基本とは	10
コブの技術はどのように発展するのか	12
コブでのつまづきポイントとは	14
著者プロフィール	16

Part1
整地で練習するコブ攻略の基本技術
17

雪面抵抗をターンに変える迎え角	18
プルークファーレンで迎え角を感じる	20
雪面抵抗に対抗する外向傾姿勢	22
上下動を使ったショートターンで迎え角を感じる	24
コブ攻略に必要な3つの「か」	26
谷足1本で斜滑降	28
斜滑降で荷重&回旋	30
構えをプラスした斜滑降での3つの「か」	32
外足から谷足の3つの「か」	34
コラム:滑りやすいコブの作り方	36

Part2
コブ初級者のコブ攻略　37

プルークファーレンから半制動でコブに挑戦	38
プルークボーゲンでコブを滑る	40
プルークボーゲンのポイント	42
トップではなくテールを動かす	44
目線は次のコブへ	46
シュテムターンでコブを滑る	48
二度開きシュテムターンで横移動を増やす	50
出口狙いの横スライド	52
肩狙いの横スライド	54
ボトムスライドで滑る	56
山足から谷足への3つの「か」	58
コラム:デラをかければ上達倍増	60

Part3
コブ中級者のコブ攻略　61

パラレルスタンスでコブを滑る	62
ズラし続けるドリフトバンクターン	64
バンクターンのポイント	66
両エッジを切り換える①テールジャンプ	68
両エッジを切り換える②ダブルストック	70
ストックに頼らない①ストックを叩いてターン	72
ストックに頼らない②谷側の股関節を手で触る	74
ターン終わりのハの字解消①ジャベリンターン	76
ターン終わりのハの字解消②ノーストックで外足曲げ	78
コラム　硬いコブと柔らかいコブ	80

Part4
コブ上級者のコブ攻略　81

丸みのあるターン弧で積極的に滑る	82
斜面に対して垂直に立つ	84
自分から足を曲げない①中間姿勢でコブを滑る	86
自分から足を曲げない②コブに押されて曲げられる感覚をつかむ	88
ターン前半が作れない①逆ジャベリンターン	90
ターン前半が作れない②切り換えで漕ぐ	92
ターン前半が作れない③切り換えで踏み換え	94
ベンディングターンを磨く	96
最新のコブ理論①迎え角と雪面抵抗を考える	98
最新のコブ理論②スライドは低速での滑りに向いている	100
最新のコブ理論③バンクターンは中間的スピードが効果的	102
最新のコブ理論④ダイレクトラインを迎え角で切る	104
最新のコブ理論⑤モーグルの滑りが基礎スキーにも波及!?	106
最新のコブ理論⑥上下動の重要性	108

おわりに　110

良質の情報をもとに楽しさを見つける	110
コブでショートが上手くなる!?	111

著者・協力者紹介	112

序章
コブ攻略の基礎知識

ズルドンの是非

忌み嫌われるズルドンをどう考える？

佐藤 いつの頃からか忌み嫌われる言葉として使われるようになった「ズルドン（画像1）」ですが、ズルの部分はいわゆる横滑り（スライド）であり、スピードをコントロールするためには必要不可欠だと思っています。まずは皆さんのズルドンへの認識と横滑りの重要性を教えてください。

角皆 横滑りの基本であるプルークファーレンやプルークボーゲンは、コブで行うと非常に難易度が高くなります。そのためコブでのプルークは応用技術であり、コブの初級レベルでは整地でのプルークが横滑り（スライド）だと考えています。

小保内 私は横滑りのベースを横スライドと表現します。私自身10年ほどスライドに焦点を当てていなかったのですが、最近になって改めてその重要性を感じています。特に春のバンクが使いにくい時期はことさらそのように感じています。

佐藤 僕の場合ですが、20年ほど前にコブの滑りというと、まずはスキーをひねってから横滑りが基本でした。横滑りはコントロールや安定感では優れた技術ですが、一方で一度身につけるとこの動きから抜け出せないと

いう弊害もありました。さらにターンができるようになるまでに時間がかかるため、コブの指導展開では横滑りを使いません。

紫織 私が担当させていただく方々は、整地の滑りの応用編がコブだと思っている方が多いです。すると横滑りの素晴らしさは重々承知していますが、普段の整地の滑りとつなげようとした場合に、つながりがとても難しいと思っています。なぜなら整地で積極的にスキーを横にして横滑りメインで滑ることが少ないからです。

美穂 私はトップ＆テールコントロールの幅を広げることを大切にしています。例えば斜め方向への横滑りを20センチのズレ幅でしたとします。それがプルークスタンスでもパラレルスタンスでも同じようにできれば、自分が思い描いたターン弧で滑れると考えています。

佐藤 皆さん、横滑りが重要だと考えている一方で、フォールライン方向に滑り降りる方向、『ドン』の部分に問題があるように感じますがいかがですか？

角皆 そうですね。どの方向に横滑りができるかがとても大事です。コブ

まとめ

ズルドンのズル＝横滑りは重要な土台となる技術
ドン＝真下方向への滑りはコブで有効とは言えないため、早めに止めるようにしたい

画像1　ズルドンの軌道

ドン
横滑り（ズル）
ひねる

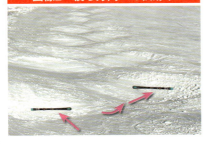
画像2　後ろ方向への横滑り

画像3　プルークでの横ズレの軌道

では真下だけではなく、後ろ方向への横滑り（画像2）も重要な技術になります。もちろん横滑りがコブでの究極の技術ではなく、より滑走性のよい滑りにつなげるための基本技術という捉え方ですが。

小保内　私も同感です。まずは横スライドを覚え、そこからスキーを横に向けなくてもコントロールできる縦スライドに発展していけたらと考えています。

美穂　はい。横滑りの重要性をとても実感しています。上級者に多い滑りは、過度にエッジを立てたカービング系の滑りです。これではコブでコントロールすることは困難なため、もっとズレの大切さをお伝えできたらと考えています。

紫織　私は皆さんのお話をうかがいながら、これからの自分の指導の方向を見つけられたらと思っています。

佐藤　私たちのスクールにご参加いただく方々は検定の合格を目指す方も多いため、真下への横滑りからの指導展開では、皆さんの上達を遠回りさせてしまうケースがあります。そのためプルークでの横ズレをベース（画像3）に、常にターンをしながらのコントロールを身につけていただくようにしています。

コブの滑りの基本とは

佐藤 横滑りやスライドの重要性は共通認識と言っていいと思いますが、実際にはどのようにしてレッスンを展開していますか？

角皆 お客さまにとっては、横滑りやスライドも「真似したい！」と思えるスムーズさや美しさがあれば、一つの目指す技術だと思います。その点オボのスライドは美しい！

小保内 ありがとうございます。私はスライドを使い、コブの狙う場所を変えていく指導展開をします。最初はコブの出口を目指し、徐々に中央寄りにしていきます（画像1）。そうすると横方向への動きが出ます。横方向に動けるようになるとターンの軌道になっていきます。

佐藤 小保内さんのお話、面白いですね。僕たちはプルークボーゲンからコブに入るのですが、この滑りで雪を削ってコブを作ります。その際に重要視しているのは、小保内さんと同じ横方向への動き（重心移動）です。難しい斜面を滑るうえでミスを誘発しやすい動きは時間の短さです。つまり1ターンごとに長い時間をかけられるほどコントロールが増します。その時間を作る要素の1つが横方向への動きだ

と考えています（画像2）。

小保内 同じ考え方ですね。私は横方向への移動を覚えていただいたら、横方向へのスライドから縦方向のスライドに変えてターン弧に見せるようにレッスンを展開します。バンクを滑っている場合でも、広く言うとスライドのイメージですね。エッジにどの程度体重を乗せているかという加減はありますが、バンクでもゆっくりと回しているだけです。

角皆 自分の場合、スライドでスピードコントロールをしながら斜面を滑り降りることができたら、ライン取りを変えます。具体的には、バンクの上で止まるようなライン取りにします（画像3）。これができるようになれば、整地でのスキー技術が使えますので。

美穂 私はプルークファーレンで左右のズレ幅を同じようにすることを目指します。そして真っすぐに滑れるようになったら、今度は片プルークで展開します。半制動という言い方をしますが、右谷足側のプルークで斜面を削れるようになったら、今度は左外足側でも削れるようになることを目指します。片プルークでミゾの内側を削れるようになることで、整地の動きをそ

まとめ

① ズラしでスピードをコントロールする
② 横方向への重心移動が大きなポイントになる
③ コブの出口狙いからコブの外側（バンク狙い）に変えていく

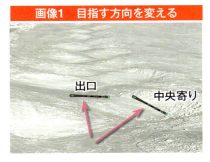

画像1　目指す方向を変える

画像2　ターンが長いほどコントロールが増す

画像3　バンクの上を狙う

のままコブで使うことができます。

角皆　コブでのターン、いわゆる深回りをする場合ですが、切り換えが難しくなります。オボや佐藤先生が言っていた横移動が求められるからです。私の場合は深回りの切り換えでジャンプをすることが多いです。そしてエッジが切り換えられるようになったらジャンプの量を減らし、最終的には接雪した状態で切り換えることを目指しますが、皆さんはどうでしょう？

佐藤　私もジャンプはよく使います。エッジを切り換える際には、自分に対してスキーを動かす方法とスキーに対して自分が動く方法、このミックスの3通りがあると思っています。プルークやシュテムは自分に対してスキーを動かすことがメインですが、パラレルスタンスではスキーに対して自分が動く要素も強くなります。いわゆる重心移動ですが、それをするために先ほどのジャンプや本書でも紹介している両ストックで漕ぐなどの動きを伝えます。

小保内　表現やレッスンの展開は違えど、深いところには同じ目的があることがよく理解できました。

コブの技術は
どのように発展するのか

佐藤　これまで話してきたように、皆さん横滑りやスライドを土台にしてレッスンを展開しています。これを中級レベルから上級レベルにかけて、どのような指導をしていきますか？

小保内　土台である横スライドから回旋や荷重という動きをピックアップします。横スライドから回旋＋荷重をしながらの横スライドに発展させ、さらにターン中盤から荷重した状態での回旋につなげます。荷重してから回旋することで、ターンに丸みを持たせることができます（画像1）。

角皆　自分はモーグル出身ですから、ダイレクトラインやポーパスターンを求められることが多いです。けれどもどの選手も同じように滑るため、この滑りにはさほど魅力を感じていないのが本音です。コブではもっといろいろなターンができますし、いろいろな楽しみ方ができると考えています。一つのゴールにしているのが、縦目のバンクターンですね（画像2）。

小保内　私はスキーを振り回さなくてもコントロールできる動きに持っていきたいです。後半の荷重＋回旋だった動きを中盤から、そして前半や前のターンの後半とより前段階からの動きに進化させます。そうすることでスキーを振り回す動きがなくなり、その動きが縦のラインの滑りにつながっていきます。

佐藤　僕も言葉にすると、ゴールは角皆さんと同じです。そのなかで強調しているのは「雪とのやり取り」と「スキーの性能を活かすこと」です。技術レベルが上がるにしたがって、スキーや雪面に対して徐々に切り換え直後から働きかけるようになります。またターン中盤から後半にかけては必要以上に働きかけずに、雪面から受ける力を利用します。そして「たわみ」というスキーの性能を活かすことで、よりスピーディーかつ安定して滑ることができます（画像3）。

紫織　自分自身が練習していることでもあるのですが、自分から足を曲げずにコブに押されて曲げられる動きを習得し洗練させることが現在のゴールです。私はベンディングターンを教わる機会が少なかったので、どうしても自分から曲げてしまうことがありました。最近はずいぶん少なくなりましたが、上級者のお客さまでも自分から曲げてしまう方が結構多いと思っています。

> **まとめ**
> 中上級者のゴールとして考えていることは
> ① スライドの質を高めて常に適度なズレに乗る
> ② ミゾを縦目に通るライン取りでスピーディーに滑る
> ③ 雪面とのやり取りやスキーのたわみを引き出して滑る
> ④ 伸身系から屈伸系の滑りにしていく

画像1　ターン弧を描くスライド

画像2　縦目のバンクターン

画像3　スキーのたわみを活かしたターン

角皆　少し話がそれるかもしれませんが、自分たちが若い頃は小回りAとBがありました。いわゆる伸身系（ストレッチング）と屈伸系（ベンディング）です。そしてそれがそのままコブのサイズでした。1ターン4〜5ｍです。それが今はベースのショートターンが以前の中ターンくらいのサイズです。こうしたショートターンとコブでのショートターンは、まったく別者になってしまったように感じます。

佐藤　世界中の雪質を滑るためには、自分のベースの滑りを雪質や状況によってカスタマイズする方法と、雪質に合わせて動きを変える方法とがあります。そういう意味では後者の要素が強く、一般スキーヤーは覚えることが多くなってしまったのかもしれませんね。

角皆　技術が完全にコブ用と整地用とに分かれてしまいましたね。その一方で技術選を見ているとコブが花形種目。それでも整地で別なことをやっているのはどうなのですかね。

小保内　私はズレを中心にしていますので、今のショートターンとは別物だと分けています。

角皆　話がずれましたが、指導展開として自分は小回りAからBにしていくことをします。これを整地からコブへとつなげています。

コブでの
つまづきポイントとは

佐藤 我々は全員現役のインストラクターですから、それぞれが見たお客さま方がつまづくポイントと、その解決のアプローチについて触れておきましょう。

美穂 コブへの恐怖心からターンの内側に身体が入る方が多いです。そういう方には、ストックのリングで雪面を引きずるようなドリルをします。まずはプルークで滑り、それができたらジャベリンターン、そしてパラレルスタンスという風に展開しています。やはり外向傾姿勢の外向を強調することが多いです。

紫織 私も内倒が多いと感じます。それから怖くて腰が引けてしまい前に出ない、つまり重心の移動ができない方も多いです。そこで外向傾姿勢を強調したり、次のターン方向への重心の移動を練習します。具体的なドリルはこの本で紹介しているものが多いですね。

小保内 私の場合、切り換えでつまづく人が多いと感じます。コブは間隔が狭い制限滑降ですから、この場所でこの動きをしないといけないということがあります。ところがそれは整地にはない。特にカービング系の滑りをする人に多いです。それから切り換えで

しっかりと抜重してくださいと伝えると、「抜重をしてもいいのですか?」と聞き返されることもあります。滑りを〇と×で考える人が多い気がします。本来は〇も×もなくて、こうしたらこうという現象が起こるだけなのですが……。こういう方が多いため、とにかく抜重の練習をします。ジャンプ系やプロペラ系をして、ジャンプができる=いいポジションで滑れていることを確認。本人も自覚しやすいため多用しています。

角皆 私が感じるのは、1つはスキーがパラレルにならないことです。そこに1つ壁があるような気がします。もう1つは上手くなってスピードが出てきたときで、スキーが浮き気味になってコントロールを失う人が多いのです。この2つは上達の壁になっているのではないでしょうか。どうしてもスキーがプルークになる人は、内スキーのアウトエッジが使えていない人が多いため、その動きを整地で練習します。宙に浮いてしまう人には、筋トレをしてくださいと伝えています。技術選などハイレベルな滑りをする選手のほとんどが宙に浮いていますから、その滑りに憧れるのは理解できます。けれども選手たちは十分な筋力を持ち合わせています。せめ

て自分の体重くらいのウェイトでスクワットを10回。これができなければ、ハイスピードでの滑りが怪我につながってしまいます。そして技術的にはスキーのセンターに乗り続けられること。これができないとコブに叩かれてしまい、怪我につながるリスクが出ます。ぜひトップのしなりを使うことを覚えてもらいたいですね。トップからミゾに当たれると衝撃がまったく違いますので。

佐藤　僕はオーストリアのデモンストレーターたちと滑ることが多かったので、「スキーは足でするもの」という考え方が強いです。その視点から見ると、コブなどの難斜面ではストックに頼る方が多いと感じます。一番多いのは切り換え、続いてターンの終盤です。ストックに頼ってしまう原因の多くは、よいバランスが取れていないから。そしてよい操作ができるポジションで滑れていないからです。これはその人のスキーテクニックの根幹にかかわることですから修正までに時間がかかります。また足首、ヒザ、股関節、体幹、重心の移動方向、視線など、いろいろな要素が絡んでいます。そのため1つの動きで3つや4つといった複合的な身体の動かし方が必要になるドリルをすることが多いです。人によって「これか!?」と感じてもらえるドリルが異なるのですが、とにかく成功体験をしていただいてから細かい部分に入ったり、よい感覚を自分の滑りに取り入れてもらうように展開します。

角皆　スキー技術の根幹の部分では、日本のスキーヤーは全体的に外傾が取れる方は多いが、外向が取れる方が少ないと思います。そのため外向を取る練習をたくさんします。最近スキー場に設営されるバンクドスラロームというとても掘れたコースがあります。あのコースの外側の壁を触るように滑ってもらうと簡単に外向が取れるようになりますよ。

佐藤　ターンのどの部分を見るかで変わりますが、私はターン終盤の外傾が取れないスキーヤーが多いと感じます。皆さんがカービング系の滑りで指摘していたように、ターン終わりに山側に体重が残ってしまっているからです。

小保内　レッスンはお客さまにとって限られた時間ですから、私は結構目をつぶって時間内にできることを探します（笑）

角皆　ここで出たつまづきポイントの解決方法がこの本には詰まっています。皆さん、ぜひコブの滑りに役立ててくださいね。

プロフィール

角皆優人（つのかい・まさひと）
1955年群馬県出身。大学からフリースタイルスキーに取り組み、青山学院大学にフリースタイルスキークラブを創設。初代部長を務める。1970年代後半から80年代半ばにかけて、全日本フリースタイルスキー選手権・総合優勝7回、種目別優勝35回。国際大会優勝・入賞多数。引退後、全日本スキー連盟フリースタイルスキー部ヘッドコーチを経て、現在は株式会社クロスプロジェクトグループ相談役、エフ-スタイルスクール代表。生涯現役を願い、スポーツ指導と作家活動に意欲を燃やしている。
https://ski-lesson.info/

佐藤紀隆（さとうのりたか）
1972年福岡県出身。体育系専門学校でスキーを専攻し、卒業後にインストラクター活動を始める。2010年に株式会社Ski-est（スキーエスト）を設立。マウント乗鞍スノーリゾートと志賀高原でスクールを開校する。オーストリアとのつながりが強く、コロナ前は毎シーズン、オーストリアへのツアーやデモンストレーターたちを招聘し技術と知識を磨く。「世界中の雪質を滑れる技術をあなたのものに」をモットーに、整地だけでなくコブやパウダー、クラストやバックカントリーと様々なステージでレッスンを展開している。日本プロスキー教師協会（SIA）ステージIV、ISIA PRO、Ski-est代表。
http://www.ski-est.com/

小保内祐一（おぼない・ゆういち）
1980年岩手県出身。スキー雑誌に掲載されていたスキースクールの求人広告を見て、直感的に角皆優人氏率いるフリースタイルスキースクールF-styleへ。長野県白馬五竜スキー場、岐阜県鷲ヶ岳スキー場、兵庫県大屋スキー場などでインストラクターとして活躍した後、その指導力をかわれて21歳で同スクールの校長に抜擢。その後独立するが「独立するなら新天地で」の師匠の教えを守り、地元である岩手県にて株式会社北日本高原開発（現：株式会社ダイレクトライン出版）を設立し現在に至る。DIRECTLINEスキースクール代表、株式会社ダイレクトライン出版代表取締役。
https://directline.pub/school/instructor/obonai

角皆美穂（つのかい・みほ）
長野県出身。小学5年から高校までソフトボール、大学時代は軟式野球の選手として活躍し、全国大会3位の実績を持つ。幼少期から家族でスキーに親しんできたが、大学のスキー実習でバッジテスト1級に不合格になったことがきっかけで、スキーの世界にのめり込んでいく。基礎スキーの世界で正指導員の資格を取得したが、夫の角皆優人と水泳で出会い、フリースタイルの世界へ。現在は、白馬五竜フリースタイルアカデミーのインストラクターとして活動している。

稲見紫織（いなみ・しおり）
東京都出身。幼少期は身体が弱く、心配した両親の勧めでフェンシングを始める。その後サッカー、水泳、テニス等様々なスポーツを経験。大学卒業後に株式会社ナイスクへ入社し人生初のスキーに挑戦する。その後株式会社Ski-estに入社。インストラクターとしてデビューを果たし、5シーズンで日本プロスキー教師協会の最上位指導資格であるステージIVに合格。異常なテンションと明るさでSki-estの屋台骨を支える。

Part 1
整地で練習する
コブ攻略の基本技術

Part1 整地で練習するコブ攻略の基本技術

雪面抵抗を
ターンに変える迎え角

POINT❶ スキーヤーを引っ張る力を考える

迎え角を知ろう

　迎え角とは一般的に、スキーの向いている方向とスキーヤーが進行する方向の違いを意味します。プルークファーレンであれば、スキーヤーはフォールライン方向に直進移動します。これはスキーが重力によって真下（フォールライン）に引っ張られるからです。その時にスキーは、フォールラインに対して斜めを向き続け、ズレながらフォールライン方向に落ちていきます。このスキーヤーの重心が進行する方向（A）と、スキーが向いている方向（B）の作り出す角度（右の写真）が迎え角になります。

POINT ❶

スキーヤーを引っ張る力を考える

プルークファーレン

ショートターン

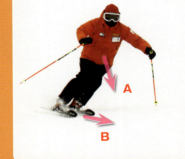

プルークファーレンでスキーヤーを引く力は重力だけになります。ところがターンでは、スキーヤーに対して重力だけでなく遠心力もかかってきます。そのため、重力と遠心力の合力がスキーヤーを引っ張ることになります。このスキーヤーを引く力とスキーが向く方向の差を、スキーにおける迎え角と考えてよいでしょう。

まずは迎え角の概念を知り、スキーヤーと外力や雪面との間に生まれる力の綱引きを理解しましょう。この考え方を知ることで、コブの達人への最短ルートが見えてきます。

Part1 整地で練習するコブ攻略の基本技術

プルークファーレンで迎え角を感じる

POINT❶ ターンでの迎え角は重力と遠心力の合力
POINT❷ ターンでは内傾角と外向傾姿勢が必要になる

スキーにかかる抵抗を体感してみる

　プルークで直滑降（プルークファーレン）をすると、重心はフォールライン方向に移動し、スキーは常に一定の角度になります。この重心の移動とスキーの向きの差が迎え角です。プルークファーレンでスキーヤーに掛かる抵抗は重力だけですので、常にフォールライン方向から引っぱられます。スキーヤーはスキーを一定方向に傾け続けるためのエッジコントロールと雪面からのプレッシャーコントロール、そしてスキーの向きのコントロール能力が要求されます。まずはこの迎え角を感じてみましょう。

POINT ①

ターンでの迎え角は重力と遠心力の合力

ターンではスキーヤーに、重力と遠心力がかかります。重力と遠心力の合力（重力と遠心力のベクトルの合成）がかかることで、より斜め横方向から引っ張られることになるのです。この力は遠心力が弱いほど縦に近い方向となり、強くなるほど、横方向に変化していきます。

遠心力
重力

POINT ②

ターンでは内傾角と外向傾姿勢が必要になる

斜め方向からの力＝スキーヤーが受ける迎え角と考えてみます。遠心力に対応するためには、より深い内傾角が必要です。特に重力と遠心力の方向が近づくターン後半は、より外向傾姿勢を強めることで、外力への抵抗とバランスを取っている点に注目してください。

外向傾姿勢

適切な迎え角を作ることでエッジが雪面を捉え、さらにそこへ荷重をしていくことでスキーにたわみが生まれます。そのため迎え角は、スキーの特性を活かしたターンには必要不可欠な要素と言えます。

PART1 整地で練習するコブ攻略の基本技術
PART2 コブ初級者のコブ攻略
PART3 コブ中級者のコブ攻略
PART4 コブ上級者のコブ攻略

Part1 整地で練習するコブ攻略の基本技術

雪面抵抗に対抗する外向傾姿勢

POINT❶ 慣れたらロングターンでも迎え角を感じる

ジャベリンターンで迎え角と雪面抵抗を感じる

　迎え角による抵抗を体感しやすいドリルがジャベリンターンです。プルークボーゲンのターン始動時に、内スキーを引き上げて、外スキーに対して空中でクロスさせながら滑ります。クロスさせた内スキーの示す方向が雪面抵抗を受けるおおよその方向になり、内スキーの方向が胸（外向）の向きともほぼ同じになります。

　クロスの角度を変えると雪面抵抗が変化するため、より深くクロスするとより強い雪面抵抗が感じられます（迎え角が大きくなるため）。クロスする角度を変えながら滑ってみましょう。

POINT ❶

慣れたらロングターンでも迎え角を感じる

整地でのロングターンは、迎え角を感じられる最適のトレーニングです。スピードによって遠心力が強まり、横から引かれる力が大きくなります。ハイスピードで滑りながら、横から引かれる力を感じてみましょう。同時にこの引かれる力は、ジャベリンターンで深くクロスした時と同じような感覚と感じられるでしょう。そして横から引かれる力が強まるにつれて、自然に外向傾姿勢が大きくなります。つまり外向傾姿勢には、迎え角を感じ、その力に耐えやすくする姿勢（フォーム）という役割があるのです。

❶
❷ 横方向から引かれる力を感じる
❸
❹ ターン後半は外向傾姿勢が強くなる

ジャベリンターンでは、クロスが深くなるほど外向傾姿勢が強まります。いろいろなクロス角で滑ることで、迎え角と雪面抵抗をコントロールできるようになります。

Part1 整地で練習するコブ攻略の基本技術

上下動を使ったショートターンで迎え角を感じる

動画はこちら

POINT❶ 上下の重心移動がコブでは重要

ショートターンでコブに備える

　コブの大きさですが、約9割が直径3.5mから5.5mに収まるでしょう。この大きさのコブを滑るためには、ショートターンが基本となります。ここで気をつけたいことがあります。現在の基礎スキー、特にカービング系のショートターンは、1ターンが8mを超えます。つまりコブ斜面では、より小さなターン弧のショートターンが要求されるのです。かつてウェーデルンと呼ばれたテクニックのほうが、コブには適した滑りになります。まずは迎え角を感じながら、ショートターンで滑りましょう。

POINT ①

上下の重心移動がコブでは重要

重心の上下動はコブで大いに役立つため、ストレッチング（伸身抜重）を加えたショートターンをマスターしましょう。コブでは横方向の迎え角だけでなく、縦方向（三次元）の迎え角が生み出されます。そのため、縦の迎え角を利用できる上下動が重要になり、コブを滑るための中心的テクニックになります（詳しくはパート4で解説します）。なお、ここで述べる上下動は、コブの凹みで足を伸ばし、凸部分で縮める吸収のテクニックではありません。あくまでもコブの形状によって生みだされる「迎え角を利用するための上下動」です。

❶
❷ 立ち上がりながら切り換える
❸
❹ 沈み込みながら外向傾姿勢を強める

この動きのコツ

コブやパウダーなどいわゆる不整地では、極端にスキーを身体から離さないショートターンのほうが向いています。この滑りでは、迎え角や外向傾姿勢に加えて「上半身と下半身の逆ひねり」も重要な動きとなります。

PART1 整地で練習するコブ攻略の基本技術
PART2 コブ初級者のコブ攻略
PART3 コブ中級者のコブ攻略
PART4 コブ上級者のコブ攻略

25

Part1 整地で練習するコブ攻略の基本技術

コブ攻略に必要な3つの「か」

POINT❶ 斜滑降を用いて3つの動作を個別に身につける
POINT❷ 3つの「か」を1パッケージにして1つの動作にする

＜ 荷重・回旋・構えという3つの重要な動作 ＞

「荷重」を強化するための片足で立つ練習、ストックのリングを前に出す「構え」、スキーの向きを自力で変える「回旋」。この3つの「か」を個別や同時に練習し、最終的には3つの「か」を1パッケージにします（次のページから詳しく紹介します）。まずは低速での斜滑降で動作を1つずつ習得し、慣れてきたら低速のターン動作へとレベルアップさせます。コブを低速で安定して滑るために必要な3つの「か」の中で、自分に不足している強化すべきポイントも明確になってくるはずです。

POINT ①
斜滑降を用いて3つの動作を個別に身につける

3つの「か」習得のために、いきなりターンの中で練習するのではなく、ゆっくり自分自身で意識できるゆとりある速度の斜滑降からはじめます。谷足で立つ、ストックを構える、回旋してスキーをズラすの3つをそれぞれ個別に練習していきましょう。

まずは斜滑降からはじめる

POINT ②
3つの「か」を1パッケージにして1つの動作にする

個別練習に慣れてきたら、「荷重」+「構え」、または「荷重」+「回旋」というように2つの動作を同時発生させていきます。1つに慣れたら2つ、2つに慣れたら3つというように、少しずつやることを増やしていき、最後は3つの「か」を1パッケージにしていきます。

荷重+回旋の動き

荷重+横えの動き

この動きのコツ

大切な事は低速での斜滑降という簡単な状況を変えないで、動作の難易度だけを上げる事です。また、いきなりターンの中で動作をしようとせず、自分自身がゆとりをもって動作確認できる練習環境からスタートしましょう。

Part1 整地で練習するコブ攻略の基本技術

谷足1本で斜滑降

POINT❶ 谷足で立った時に上半身を谷側に寄せる(傾ける)
POINT❷ 谷足で立った時に脛圧を強める

片足で立つことは荷重のセルフチェック

　荷重がなされているかどうかを最も簡単にセルフチェックする方法は、片足で立つことです。
　片足で立つ姿勢を安定させることは、コブでの安定感の向上に直結します。ここでは、谷足1本で立つことでターン後半を想定した谷足荷重の強化を行います。谷足で立つのと同時に上半身を谷側に寄せること、脛圧が強くなることも大切なポイントです。ちょっとした移動中や流して滑ってしまうような緩斜面などでも、どんどん練習に使っていきましょう。

POINT ❶

谷足で立った時に上半身を谷側に寄せる（傾ける）

上半身の移動をせずに谷足で立つと、すぐに上げた足が下がってしまいます。上げた山足をゆっくり下げたり、軽いタッチで下ろすことで適切な上半身のポジションが身につきます。型として捉えるのではなく、「片足で立っていられるか？」という実感ができる基準を持って練習していきましょう。

POINT ❷

谷足で立った時に脛圧を強める

前進しているスキーに置きざりにされないよう、谷足1本で立った時に谷足の脛圧を強めるよう意識してみましょう。ただし、頭の位置が極端にスキーのトップ側にずれないよう気をつけてください。谷ブーツの上に頭を乗せるようなイメージで、そのバランスの中で脛圧が抜けないよう気をつけましょう。

片足で立った状態を維持するのではなく、「片足で立つ」⇔「両足で立つ」を繰り返すことで、上半身の位置の変化や脛圧の変化をコントロールできるようになりたいですね。型を決めて固まるのではなく、思い通りに動ける事を重視しましょう。

Part1 整地で練習するコブ攻略の基本技術

斜滑降で荷重&回旋

POINT① 谷腰の下に谷ブーツを置く
POINT② 角付けは無視してスキーのズレを重視

荷重と回旋 2つをパッケージ化

　コブ斜面は、次のコブまでに必ず1ターンする制限滑走になりますので、スキーが回るのを待っていたら到底間に合いません。そこで大切なのが自力回旋（スキーをズラす）になります。ここでは、荷重+回旋を同時に練習することで、自らスキーをズラし、スピードを制御し、狭いスペースでのターンを可能にします。荷重（片足で立てている）状態での回旋（スキーのズレ）は強いブレーキ力を発揮しますので、制限滑走かつ整地よりも低速になるコブ斜面ではこの2つがとても大切なポイントです。

POINT ❶

谷腰の下に谷ブーツを置く

スキーを回旋させようとした時、谷膝や谷股関節が伸びないよう心がけます。ここでは荷重＋回旋の2つの両立が大切です。斜滑降でブレーキするための回旋（トップが山を向き、テールが下がる）を行うと、斜滑降時の速度が遅くなることも感じましょう。

POINT ❷

角付けは無視してスキーのズレを重視

低速でコブを滑る場合、角付はほとんど無視していて構いません。自分の体重をしっかりと谷側のブーツに乗せ、回旋を行うことで強いブレーキとなります。スキーのトップを山に向ける⇔斜滑降方向に戻す動きを繰り返し、自分の回旋操作でブレーキがかかる感覚をつかみましょう。

斜滑降からスキーのトップを山に向ける（テールが谷側に落ちる）ことと、そこからトップの向きを斜滑降方向に戻す。この戻すまでを一連の動作と考えて練習しましょう。ブレーキとしての練習だけでなく、スキー操作自体の能力アップが同時に見込めます。

Part1 整地で練習するコブ攻略の基本技術

構えをプラスした斜滑降での3つの「か」

動画はこちら

POINT❶ 谷足で立つと同時に谷肘を軽く曲げる
POINT❷ 手は前に出さない

「荷重」「回旋」「構え」の3つをパッケージ化

　荷重、回旋ときたら角付けと言いたい所ですが、今の段階で角付けは一旦棚上げしておきましょう。その代わりに3つ目の「か」として「ストックの構え」をこれまでの2つの「荷重」と「回旋」に加えてみます。ストックの構えは、落下してスキーにおいていかれないためにとても重要な要素になります。ストックのリングを前に出すという「構え」が疎かになることで、安定したコブ滑走を阻害しているケースは多いです。地味ですが、早い段階で、荷重と回旋にセットとして覚えおきたい重要な要素です。

POINT ❶

谷足で立つと同時に谷肘を軽く曲げる

谷肘を軽く曲げてストックを構えます。タイミングは谷足で立つ動きと同時です。片足で立つと同時にリングを出すということを習慣にしましょう。片足で立った時に谷側の膝と股関節、肘はすべて曲げ動作ということも大切なポイントです。

POINT ❷

手は前に出さない

構えようとした時に肘が伸びてしまうと、握りこぶしが前に出てしまいます。こうなると身体はローテーションして荷重が抜けたり、素早い回旋の連続が難しくなります。前に出すのはストックのリングであり、手は前に出さないようにしましょう。握りこぶしはむしろ自分の胸に近づくような動作となります。

片足で立つ事と、立った足側のストックリングの構えができると、荷重した時に前後のバランスが崩れ、滑っているスキーに遅れてしまう事を防ぐことができます。また、レベルアップした後にターン前半を捉えたい場合にも荷重と同時に構えという動作は重要なポイントになります。

PART1 整地で練習するコブ攻略の基本技術
PART2 コブ初級者のコブ攻略
PART3 コブ中級者のコブ攻略
PART4 コブ上級者のコブ攻略

Part1 整地で練習するコブ攻略の基本技術

外足から谷足への3つの「か」

動画はこちら

POINT❶ 早く始めても早く終わらせない
POINT❷ 1ターンずつ停止しながらやってみる

3つの「か」を外足からはじめてみよう

斜滑降での3つの「か」に慣れてきたら、今度はゆったりとしたターンの中で行います。ターン中盤（スキートップがフォールラインを向いたところ）あたりから3つの「か」を作って、そのまま外足が谷足になるまで引っ張ってみましょう。

3つの「か」を行うタイミングを早めることで、ターンっぽくなってきます。先ほどまでの斜滑降での3つの「か」を、斜面の下を向いたところから行います。慣れてきたら、回旋速度を早め、より狭いスペースで減速できるようにステップアップしていきましょう。

POINT ❶

早く始めても早く終わらせない

スキーがフォールライン方向を向いたあたりから3つの「か」をはじめ、スキーが横を向くまで続けます。早く動作をはじめたからといって、早く終わってしまうと暴走する原因になります。前項までの斜滑降時のスピード感を思い出しながら、外足が谷足になりブレーキを感じるまで3つの「か」を長く行いましょう。

POINT ❷

1ターンずつ停止しながらやってみる

タイミングを早めても暴走しないために、1ターンずつ停止することが有効です。回旋が不十分だとブレーキがかかりきらず、落下要素が強くでます。停止ができれば十分な回旋がなされていますので、停止することは練習として意味があります。慣れてきたらより狭い範囲で停止できるようステップアップしていきましょう。

3つの「か」を外足から行うことでターンぽくなってきましたね。でもターンと思わないことが重要です。あくまでも3つの「か」を行うタイミングが変わっただけだと、前項の斜滑降練習の延長線上に考えておきましょう。

column

滑りやすいコブの作り方

文/角皆優人

　近年のコブで一般的になっているのは、人工的に作られたコブです。これは意図的に直径（縦幅、ピッチ）と左右幅を決めて作られます。その作り方は、①縦のピッチ（コブの直径）を決めてマーキングする、②横の振り幅を決めてマーキングする、③定まった点にポールを立てるか雪を盛るという流れになります。そして立てたポールや盛った雪を目安に、そこに雪を集めるように滑ります。またピッチですが、近年の主流は3.7m前後でしょうか。人工コブはピッチの短いものが多く、縦の迎え角によるスピードコントロールができないと、完走が難しくなります。当然ですが、ピッチが3.5mを切るような細かいコブの場合、バンクターンやスライドターンはとても難しくなります。またスノーボーダーが作る直径7メートルを超えるようなコブの場合、縦の向かい角を使った滑りが難しくなります。

　ひとつ大切なことがあります。それは、コブを放置すると、どんどん深く難しくなり、危険にもつながることです。そのため滑る前のコースチェックや、必要に応じた横滑りによる整備などが大切になります。こちらについては60ページのコラムで詳しく紹介します。

フォールラインにメジャーを引き、ピッチを定め、左右幅を決め、目印のポールを打っていきます。ここでのコブはピッチ4m左右幅各1mです。

滑り手全員でコースを整備している場面。ミゾの両側を外側に向けて横滑り（デラバージュ）をしています。盛り上がった雪をミゾに落とし、両サイドのバンクをならすようにします。

Part 2
コブ初級者の
コブ攻略

Part2 コブ初級者のコブ攻略

プルークファーレンから半制動でコブに挑戦

動画はこちら

POINT❶ プルークファーレンと半制動で基本ポジションを身につける
POINT❷ コブでもターン姿勢をキープして適度な外向傾姿勢を維持する

◀ プルークファーレンと半制動で、ターン姿勢の基本ポジションを身に付ける ▶

　プルークファーレンでハの字の形状をキープし、両スキーに制動をかけながら雪面抵抗をしっかりと受け止めて真下へ移動していきます。

　すねと上半身は適度な前傾姿勢を取り、重心の位置を両スキーの真ん中に置きます。頭の位置をブーツの真上に置くことで、ターン姿勢の基本ポジションになります。

　プルークファーレンで確認した基本ポジションをベースにしながら、荷重配分を左足側や右足側に移すことで、半制動（片プルーク）の動きを習得することができます。

POINT ❶

プルークファーレンと半制動で基本ポジションを身につける

ハの字の形状をキープして真下へ移動するためには、上半身と下半身の逆ひねりの姿勢（外向傾姿勢）ができていることが大切です。おへそや胸、そして肩の向きをフォールライン方向に向け、お尻を山側へ向けるようにすると、真下への移動がスムーズにできるようになります。

> 逆ひねりをしっかりと取る

POINT ❷

コブでもターン姿勢をキープして適度な外向傾姿勢を維持する

POINT①の基本ポジションをベースに、コブの中で半制動の動きをします。制動をかけているスキーに基本ポジションをしっかりとキープしながら、コブの溝に向かって制動をかけながら雪を削っていきます。コブの溝の出口に内スキーのトップを落とし込んでいき、真下へ移動していきます。

> ミゾに向かって制動をかける

コブに入る前に、整地の緩斜面でプルークファーレンの動きと半制動の動きを確認してみましょう。特に半制動の動きで真下への移動ができない場合は、上半身と下半身の逆ひねりの動き（外向傾姿勢）、制動をかけているスキーへの荷重の2点に注意してください。

39

Part2 コブ初級者のコブ攻略

プルークボーゲンで コブを滑る

動画はこちら

POINT① テールをしっかりと開く
POINT② 1ターンごとに止まる

迎え角を意識しながらコブを滑る

　パート1で紹介したように、プルークボーゲンは迎え角が取りやすいため、①ブレーキを掛けやすい、②スキーの挙動を安定させやすい滑り方になります。つまりスピードコントロールとターンコントロールが簡単にできるのです。

　しかし注意したいことは、コブにはプルークで滑ることに適した斜面と適していない斜面があるということ。特に初心者のうちは、斜度が緩く浅めのコブを使ってください。とても大事な動きは、テールをしっかりと広げてターンをすることになります。

POINT ❶

テールをしっかりと開く

コブではスキーがミゾに落とされやすく、落とされるとパラレルスタンスになりやすいです。それを防ぐためには、テールをしっかりと開いて横方向への迎え角を維持することが必要になります。迎え角を意識しながら雪面からの抵抗を受け止め、ゆっくりと滑ります。

POINT ❷

1ターンごとに止まる

できるだけ1ターンごとに止まりましょう。止まることで、コブの形からどのくらい抵抗を受けるのかを感じることができます。そしてコブからの抵抗を感じられると、シュテムターンやパラレルターンを使った滑りにつながりやすくなります。

この動きのコツ

これはすべての滑りで必要になる、コブ斜面が作る迎え角に抵抗する練習です。まずはプルークで滑れるコブを選んで練習しましょう。コブの中で両足を開くことは難しいのですが、スキーを閉じようとする抵抗に対抗する動きが上達につながります。

Part2 コブ初級者のコブ攻略

プルークボーゲンの
ポイント

動画はこちら

POINT❶ まずは1ターンずつターンを仕上げる
POINT❷ トップをすぐに下へ向けない

コブをコントロールして滑るポイントが身につく

　プルークボーゲンでコブを滑ると、①ターン前半から外足で雪面を捉えられる、②コントロール性が上がる、③滑りたいルートが通りやすいというメリットがあります。
　ターン前半から外足を伸ばして雪を削ることで、1ターンが長くなります。整地と同様にポジションの確認もしながら滑ることがポイントです。お尻が下がったり（後傾）、前へ動く気持ちが強くなって前傾過多になると、前半から雪を削れません。足裏全体に体重を乗せてスキーを押し出せるポジションを意識しましょう。

POINT ❶
まずは1ターンずつターンを仕上げる

ポジションやルートの確認のためにも、まずは1ターンごとに止まるように滑り、コントロールする動きと感覚をつかみます。スキーで雪を削る量が多いほどコントロール性が増します。外足をしっかりと伸ばして雪を削っていきましょう。

最後に止まるくらいのスピードで

POINT ❷
トップをすぐに下へ向けない

トップがすぐに下を向いてしまうとターンの前半がなくなり、コントロール性に欠けた滑りになってしまいます。トップを横方向に向けてスキーをターン外側に押すことでターンの前半ができ、コントロールされた滑りにつながっていきます。

ターン前半を作る

この動きのコツ

コントロールしたいがために、ターン後半で動きを止めてしまう方を見かけます。しかし、これではターン後半に加速してしまいます。スキーを動かし続けることができるポジションに居続けることがポイントになります。

Part2 コブ初級者のコブ攻略

トップではなく
テールを動かす

POINT❶ スキー全体を押し出す
POINT❷ コブの中でもターン弧を描く

テール側が大きく動くことが重要

　整地でも共通していますが、スキーを操作する際は、ターンに沿ってスキーを動かし弧を描くことを意識してください。トップを動かそうとすると結果的にスキーを振ってしまい、ターンの前半がなくなってしまい、後半で一気にブレーキをかける滑りにつながってしまいます。後半でコントロールすることは悪いことではありませんが、理想は前半からのコントロールです。そのためには、トップではなくテールを動かすつもりでスキー全体を押し出すようなスキー操作をしましょう。

POINT ❶

スキー全体を押し出す

テールを動かそうとして急激にスキーを動かすと、結果的にトップを動かすことと変わらなくなってしまいます。意識としてはスキー全体を押し出しましょう。その結果としてテールが動き、トップもゆっくりと下を向いてくるターンになります。

❶

スキー全体を
押し出す

❷

POINT ❷

コブの中でも
ターン弧を描く

コブの中で焦ってしまうと、スキーを振ってターンに入りがちです。十分なコントロールができることを体感するために、プルークでターン弧を描きながらコブを滑ってみましょう。ターン弧が描けていれば、コントロールできることが実感できます。

❶

丸い
ターン弧を描く

❷

この動きのコツ

足が曲がったままで滑るとうまくスキーを押し出せません。ターン前半に足を伸ばすことでスキーを外に押し出せます。そしてフォールラインを過ぎた辺りから伸ばした足を緩めていきましょう。

PART1 整地で練習するコブ攻略の基本技術
PART2 コブ初級者のコブ攻略
PART3 コブ中級者のコブ攻略
PART4 コブ上級者のコブ攻略

Part2 コブ初級者のコブ攻略

目線は次のコブへ

POINT❶ 凝視するのではなくぼんやりと見る
POINT❷ 視線の中心はコブの出口

視線で動きを先取りする

　つい目の前のコブを見てしまいませんか？　そうすると次のコブへの準備が遅れてしまいます。個人差もありますが、ぼんやりと2〜3コブ先までを視界に入れ続けるようにしてみましょう。ゆっくりと滑れるプルークボーゲンでは、この視線の動きも身に着けられます。

　また遠くを見すぎてあまり足元を見ていない方もいるでしょう。足元を凝視する必要はありませんが、なんとなく足元の状況は把握しておきたいポイントです。2〜3コブ先が視野に入るくらいまで目線を下げてみましょう。

POINT ❶

凝視するのではなくぼんやりと見る

よく「2〜3個先のコブを見ろ！」と言われませんか？ 上手な方はこれでよいかもしれませんが、コブが怖いうちはきっちりと数を数えて先のコブを見ることなんてできません。整地と同様に少し先のコブがぼんやりと見えるような視野で滑りましょう。

POINT ❷

視線の中心はコブの出口

どこかのコブを凝視してしまうと、次のコブへの準備や反応が遅れてしまいます。コブとコブのつなぎ目である「コブの出口」、それも2〜3個先のコブの出口をぼんやりと見てみましょう。そうすることで2〜3個先のコブを見ながら滑ることができます。

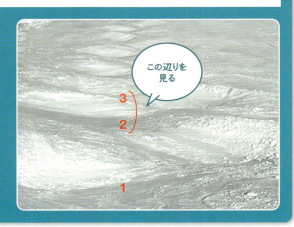

この辺りを見る

ストックで2〜3個先のコブを指しながら滑ってみましょう。そうすることで「あの辺りを見ればいいんだ」という指標ができます。「混んでいる」「コブが深い」などストックで指すことが危険であればノーストックで滑り、指で2〜3個先のコブを指しましょう。

Part2 コブ初級者のコブ攻略

シュテムターンで コブを滑る

動画はこちら

POINT❶ 切り換えでは迎え角を感じる
POINT❷ 中盤から後半は滑走性を引き出す

迎え角を意識しながらコブを滑る

　プルークボーゲンからシュテムターンへ滑りを進化させて滑ります。シュテムターンで重要となる動きは、①切り換えでハの字を作って迎え角を作り出す、②ターン中盤から後半にパラレルスタンスを取ることでよい滑走性が得られるという2つです。つまり、この2つの動きができると、楽にターンに入ることができ、適度な滑走スピードで滑れるようになります。シュテムターンで滑る場合もプルークボーゲンと同様に滑りやすいコブを選ぶことが大切です。深すぎず細かすぎないコブで練習してください。

POINT ❶

切り換えでは迎え角を感じる

切り換えではスキーをプルークスタンスにし、両スキーが受ける迎え角を感じ取ります。そして迎え角を維持してターンを続けます。パラレルスタンスからプルークスタンスにするときは、スキーを雪面につけたままでも、雪面から離してもOKです。

POINT ❷

中盤から後半は滑走性を引き出す

ターンの中盤から後半にかけてはパラレルスタンスで滑ります。スキーを揃えた瞬間に雪からの抵抗が減るため、よりよい滑走性を得られます。またパラレルスタンスでターンをしながらスキーをずらすスライド（横滑り）の動きも身につけることができます。

ターン後半は外向傾姿勢を強めて迎え角を維持し、ターンを終えます。そしてストックを突いてテールを広げ、回転に必要な迎え角をしっかりと作ります。常に外足荷重で滑ることも重要なポイントです。

Part2 コブ初級者のコブ攻略

二度開きシュテムターンで横移動を増やす

動画はこちら

POINT① 外へ外へと動く

外足に体重を乗せてから開き出す

　確実に外足に体重を乗せるターン前半の練習ドリルです。通常のシュテムターンでは外足を一回だけ開き出しますが、このシュテムターンでは二回開き出します。この動きができると横方向への移動時間が長くなるため、外側（横方向）に膨らむようなターン弧が描けます。開き出す動きと同時にターン外方向への重心移動も意識しましょう。

　開き出した際にトップを下に向けてしまうとすぐにターン後半になるため、二回開き出すことが難しくなります。横方向への移動を意識しましょう。

POINT 1

外へ外へと動く

通常のシュテムターンと同様に、まずは外スキーにしっかりと体重を乗せてから次の外足を開き出します。うまく開き出せない場合に多いことは、外スキーに体重が乗りきっていないのに開き出そうとすることです。また開き出したトップが下を向いてしまうこともうまくできない原因です。ターン外側へ動きましょう。

スキーを開き出すときは、トップの方向を変えないようにしましょう。そうすることでトップが下を向くことを防げ、二回目の開き出しがやりやすくなります。また視線を少し横方向（進行方向）に向けてもよいでしょう。

Part2 コブ初級者のコブ攻略

出口狙いの横スライド

動画はこちら

POINT❶ 3つの「か」は回旋から荷重&構え
POINT❷ テールが壁に触れないように注意

コブの基本となる横スライド

整地での土台作りをベースにしてコブの実践へと移りましょう。

コブでの一番土台となる滑りはなんといっても横スライドです。ブーツがコブの出口に向かって一直線に移動していく滑りです。

ここでの3つの「か」の順序としては①回旋→②荷重&構えとなります。ターンに丸みがない滑りとなるため、真っ先に回旋を行い、その後に荷重&構えでスライドしていく動きになります。このように3つの「か」の順序を変えることで滑りを変化させることができます。

POINT ❶

3つの「か」は回旋から荷重&構え

慣れないうちは先に回旋をし、それから荷重をします。立ち上がり動作などを使ってもよいでしょう。コブという狭いスペースの中で回旋が間に合うことはコブの滑りの前提として大切だからです。慣れてきたら荷重をしながらの回旋へと変えていきます。

荷重をしながら回旋する

POINT ❷

テールが壁に触れないように注意

出口狙いの横スライドの場合、谷ブーツでコブの出口を狙うようにしてスライドしますが、テールがバンクに触れないようにしましょう。ブーツが出口に到達する前にテールがバンクに触れてしまうと、意図しないスキーのたわみが生まれ、バランスを崩すエラーが発生します。

谷ブーツでコブの出口を狙う

この動きのコツ

整地での練習と同様に、横スライド時に谷膝や谷股関節、さらには構えている谷肘が伸びないよう気をつけましょう。最初は切り換えを無視し、1スライドずつズラしながらコブに向かうことに慣れましょう。

Part2 コブ初級者のコブ攻略

肩狙いの横スライド

POINT❶ コブの肩にブーツがぶつかって乗り上げる感覚で
POINT❷ バンクの角度にスキーを合わせる

コブの肩を狙った横スライド

　狙う位置を肩（出口から少しだけコブの中央寄り）に変えてみましょう。出口狙いとの違いは、少し横に動きながらコブを滑ることです。この横への動きがターンらしく滑るために必要となります。慣れてきたら狙う位置を少しずつ壁の中央付近に寄せていくと、横移動の量が増えてよりターンらしくなります。また、出口を狙った横スライドでは回旋を行ってから荷重＆構えでしたが、肩を狙う場合は切り換え直後から3つの「か」を行うことで、より荷重時間の長い安定したターンになります。

POINT ❶

コブの肩にブーツが
ぶつかって乗り上げる感覚で

この段階でコブにしっかりとぶつかり、コブからの力を受ける感覚をつかんでおきましょう。下り斜面をスライドしてコブにぶつかると、斜面は平らな場面へと入り込みます。わずかですがコブに乗り上げることで、コブはスピードコントロールの手助けをしてくれます。

POINT ❷

バンクの角度に
スキーを合わせる

コブでは、急斜面は横向き、緩斜面は縦向きとスキーの角度が変わります。そのため横スライド一辺倒では、緩斜面は難しくなります。ここではスライド時に、テールがトップよりもフォールライン方向に落ちないようにし、コブの角度に合わせたスライドに変化させます。

コブにしっかりとぶつかる

テールはトップよりも山側

胸がフォールラインを向いた姿勢を維持しながら、3つの「か」を行います。胸の回転を防ぐことと、1つ目の「か」である荷重を組み合わせることで、テールが落ちた動き（スイッチバック）を防ぐことができます。

Part2 コブ初級者のコブ攻略

ボトムスライドで滑る

POINT❶ バンクの角度にスキーの角度を合わせる
POINT❷ 身体が回転しない3つの「か」を強化

横方向へのスライドから縦方向のスライドへ

　ボトムとは、コブの中で最も深くえぐれた場所です。フォールラインに対してスキーを横に向けた横スライドでは、対応がしにくいラインになります。

　例えばボトム部の角度が斜め45度の場合、スキーを横に向けて進入するとトップとテールだけが雪面に触れ、スキーは意図せずたわんで暴れてしまいます。

　フォールラインに対してスキーを横には向けませんが、しっかりとスピード制御するという3つの「か」の精度が問われる滑りとなります。

POINT ❶
バンクの角度に スキーの角度を合わせる

まずは目線をボトムに向け、ボトム方向がフォールラインと仮定して横スライドをします。この時、ボトムに対しては横スライドですが、下から見るとスキーは縦スライドに近い動きになっています。慣れてきたらフォールライン方向を見ながらボトム方向にスライドする形に変化させます。

目線を ボトムに向ける

POINT ❷
身体が回転しない 3つの「か」を強化

スキーを回す動き（回旋）だけでスピード制御するのではなく、より荷重の効いた回旋で制御します。身体が回転しないことも大切になりますので、例えば目線をフォールライン方向に残した状態での3つの「か」での1ターン停止などで強化します。

荷重の 効いた回旋で 制御する

スキーがフォールラインに対して横向きの状態のスライドが横スライド、スキーに正対した状態でスライドする動きが縦スライドの動きです。この2つを使い分けることで、コブの角度に合わせたスライドが可能になります。

Part2 コブ初級者のコブ攻略

山足から谷足への3つの「か」

POINT❶ まずは山足で立ってみよう
POINT❷ 脛圧と構えが重要

動画はこちら

3つの「か」を山足からはじめてみよう

　山足（次のターンの外足）から3つの「か」を行うことで、外スキーの軌道には丸みが出てターンらしくなります。また雪面にコンタクトしている時間が長い、ベターっとした安定したコブ滑走につながります。
　当然ターン前半の捉えも向上します。

　山足で立った状態から山足が谷足になるまで、3つの「か」を継続します。
　ターン中ずっと荷重が効いた状態でズラし続ける感覚を得ることができるため、自分自身で安定感を感じられるようになります。

POINT ❶

まずは山足で立ってみよう

まずは斜滑降時に山足で立ちます。荷重と同時に構える動きは同じです。この時に山足の親指側で立ってしまうと、スキーがズレ落ちてバランスがとれませんので、山足の小指側で立ちます。山足で立つ⇔両足で立つという動きを繰り返しながら上半身を動かし、体重の移動を感じましょう。

POINT ❷

脛圧と構えが重要

慣れてきたら山足で立った状態からターンに入ってみましょう。大切なことは、山足で立った時に山側ストックを構えていて、脛圧が強くかかっていることです。すぐに落下の局面に入るため、最もスキーに置いていかれやすくなります。構えながら山足から外足の局面で脛圧をさらに強めるように心がけましょう。

ストックを必ず構えることと、ターンに入ったら脛圧を強めてスキーに置いていかれない状態で落下局面に入ることが大切です。連続ターンの場合は、1ターンずつ確実にスキーを横に向けるまで3つの「か」を続け、減速を感じてから次のターンに入りましょう。

column

デラをかければ上達倍増

文/佐藤紀隆

　36ページのコラムで紹介したように、定めた場所をスキーヤーが通ることで雪が掘れ、コブになります。そしてできたコブを何人ものスキーヤーが繰り返し滑ることで、さらに雪が掘れた深いコブになります。こうした深いコブは凹の部分が深くなったり形が崩れたりし、凸の部分がさらに盛り上がることで切り換えがしにくくなります。このようなコブを滑り続けることは上達の妨げになったり、怪我のリスクが高くなってしまいます。それを防ぐためにはコブの形を整える整備が必要で、それをデラ（デラパージュ＝横滑り）と呼びます。

　デラの掛け方ですが、大きく分けると①ミゾの外側と内側を削る人に別れて起伏を滑らかにする、②右ターン側と左ターン側に別れて起伏を滑らかにするという2つがあります。①のやり方は動画で紹介していますので、参考にしてください。

　またデラを掛けるその他のメリットとして、「コブのどこを通ればターンがしやすいのか」「コブのどのような部分がターンの邪魔をするのか」といった理解が深まります。そしてコブの形状と滑りの関係を知ることで、コブのライン取りの理解や動きの質の向上につながります。

ミゾの外側と内側に別れて起伏を削るデラの掛け方です。この写真ではミゾの外側を削っています。

右ターン側と左ターン側に別れて起伏を削るデラの掛け方です。この写真では右ターン側（左谷足側）を削っています。

動画はこちら

Part 3
コブ中級者の
コブ攻略

Part3 コブ中級者のコブ攻略

パラレルスタンスで
コブを滑る

動画はこちら

POINT❶ パラレルでは迎え角がなくなりやすい

コブの抵抗に逆らわずに滑れる

　パート1では、雪面からの抵抗を感じ、迎え角を作り、スピードとスキーのコントロールを重視しました。このパートでは、プルークやシュテムと同じように、パラレルスタンスで雪面抵抗を作るための動きやドリルを紹介します。

　現在の主流の滑り方はおおよそコブの凹みに沿ってターンする方法です。凹みには、スキーを凹みに落として「スキーを閉じようとする」性質があります。パラレルスタンスはスキーを閉じていますので、コブの抵抗に逆らわずに滑ることができる最適なポジションとなります。

POINT ① パラレルでは迎え角がなくなりやすい

ブルークボーゲンやシュテムターンでは迎え角が自然に作られます。しかしパラレルスタンスでは、迎え角がなくなったり、少なくなりやすいのです。そのため最初は初級編と同様に比較的簡単なコブを選び、外向傾姿勢を強く意識して滑る必要があります。

外向傾姿勢は迎え角を作るための姿勢（技術）でもあります。パラレルターンで外向傾姿勢による迎え角を感じることができれば、コブを滑る技術上達の大きなプラスになります。

この動きのコツ

整地をパラレルスタンスで滑る場合には、ある程度のスピードが必要不可欠です。これはコブでも同じですが、ある程度のスピードが怖く感じる方も多いでしょう。その場合には切り換えで大きく立ち上がる動きを使い、スピード不足を補ってください。

Part3 コブ中級者のコブ攻略

ズラし続ける
ドリフトバンクターン

動画はこちら

POINT❶ バンクの中で回旋し続けてズラす
POINT❷ コブの中での横移動に慣れよう

バンクの中でズラす感覚をつかもう

　コブの中央寄りに狙う場所を変えるボトムスライドでは、恐怖心が増える方も多いでしょう。そのような場合はコブの中央を一旦棚上げし、さらに外側を使うことで横移動に慣れることが上達のステップとして必要となります。この滑りでは３つの「か」を切り換え直後から行いますが、「荷重＆構え」→「回旋」というように、出口を狙った横スライドの時とは順序が逆になります。また回旋も横スライドの時のように一気に回すのではなく、少しゆったりとした回旋動作へと変わっていきます。

64

POINT ❶ バンクの中で回旋し続けてズラす

ここでは、山足（次の外足）からの3つの「か」が必要となります。荷重する前に回旋が強く出すぎてしまうと、バンクではなくコブの出口、肩、ボトムというように内側へと進入してしまいます。山足から荷重し回旋していく動作は難易度が高くなりますが、早く回旋しすぎるエラーを防ぎます。

山足から荷重して回旋する

POINT ❷ コブの中での横移動に慣れよう

横スライドからのステップアップに必要な動きが横移動です。ドリフトバンクターンを練習することで、コブの中で大きく横に動く事になりますので、出口狙い→肩狙い→ボトム狙いの順序が難しい場合は、出口狙いの横スライドの次にバンクターンで横移動の感覚をつかみましょう。

横移動の感覚をつかむ

3つの「か」を練習した時と同様に、常に腰の下にブーツを置いた状態で回旋を行いましょう。バンクターンで多いエラーが、ズレが発生せずに身体がターン内側に傾いてしまうことです。あくまでも腰の下にブーツがある状態で自力回旋をすることで、スキーはズレ続けてくれます。

PART1 整地で練習するコブ攻略の基本技術
PART2 コブ初級者のコブ攻略
PART3 コブ中級者のコブ攻略
PART4 コブ上級者のコブ攻略

Part3 コブ中級者のコブ攻略

バンクターンのポイント

POINT ① バンクターンには適切なスピードが必要

ベースになるコブの滑り方

　バンクターンは、コブの外側にできるバンクを利用してターンする技術です。スキーヤーが同じ場所でターンをすることで一定の場所が削れてミゾが彫り込まれ、削られた雪がミゾの外側に盛り上がってバンクとなります。つまりターンの外側が内側よりも高い形状になるのです。

　外側が高いため、スピードが増すとスキーは遠心力でバンクに押しつけられます。結果スキーはスライドしづらくなり、現代のスキーが求めている「滑走性」や「カービングターン」を実現しやすくなります。

POINT 1

バンクターンには適切なスピードが必要

バンク角が急になるほど遠心力が必要です。つまりゆっくりとしたスピードではバンクから落とされてしまいます。そのためバンクターンには適切なスピードが存在することになります。バンクの形状とコブのピッチに合ったターンをおこなう場合、バンクターンは滑走性とカービング性に優れたターンを生み出してくれます。さらにバンクによって生まれる横方向の迎え角を感じられると、より高度なターンへの糸口が開けるでしょう。

バンクターンができない方に多い動きは、切り換えで一気にスキーをひねり返してしまうことです。するとバンクではなく、コブの内側を通る軌道になってしまいます。「コブから飛び出してもいい」くらいの気持ちでトップを下に向けないようにしましょう。

67

Part3 コブ中級者のコブ攻略

両エッジを切り換える①
テールジャンプ

POINT❶ ジャンプは軽くでOK
POINT❷ 谷スキーのアウトエッジを目標にジャンプ

横方向に向かって軽くジャンプ

　コブの中では両エッジを同時に切り換えることが、なかなか難しいと感じる方も多いのではないでしょうか？

　そんなときに有効なのが、テールジャンプです。高くジャンプをする必要はありません。ほんの少しスキーが浮けばOKです。軽くジャンプをしてエッジを切り換えましょう。また同時に、ゆっくりとフォールラインを向いていく感覚もつかんでみましょう。

　着地と同時に外スキーをターン外側へ押し出すことによってターン前半が長くなり、よりフォールラインまでの時間ができます。

POINT ❶

ジャンプは軽くでOK

ジャンプは雪面からスキーが少し浮く程度でOKです。両スキーがばらつかないように両足でジャンプをし、スキー全体を浮かせるようにします。そのためには、ジャンプをする前に足裏全体に体重を乗せてタメを作ることが重要です。

POINT ❷

谷スキーのアウトエッジを目標にジャンプ

ジャンプをする目的は両スキーのエッジを変えることです。そのためには適度な重心移動が必要になります。谷スキーのアウトエッジ側、できればトップとビンディングの中間辺りを目標にします。その方向にジャンプできると軽く飛ぶだけでエッジが変わります。

ジャンプをしたときに視線や身体がフォールライン方向を向いていると、トップがすぐに下を向いてしまいます。谷スキーのトップ方向に視線や身体を向けたまま、ターンの外方向に向かってジャンプをしましょう。

Part3 コブ中級者のコブ攻略

両エッジを切り換える②
ダブルストック

POINT❶ 両足を伸ばしながらダブルストック
POINT❷ 真上ではなく外スキーのアウトエッジ側に立つ

重心を斜め前に運ぶ

　ダブルストックで重心を斜め前に動かすことで、ジャンプをした時と同様に両エッジが切り換わります。コブの後半は凹みになっているため、特に低速では整地以上に大きく重心を動かさなければ両エッジを切り換えることができません。後傾になりやすかったり、重心がなかなか前に出てこない方にとても有効なドリルです。

　ただし身体を前に運ぼうとしすぎると上体が突っ込み、前傾過多になります。するとうまくエッジが切り換わりません。斜面と身体の軸が垂直になるように立ち上がります。

POINT ① 両足を伸ばしながらダブルストック

ダブルストックを突く際に足が曲がっていると、十分な重心移動ができません。ストックを突く動きと同時に両足をしっかりと伸ばして雪面を押しましょう。そうすることで両エッジが確実に切り換わり、滑らかな切り換えができます。

POINT ② 真上ではなく外スキーのアウトエッジ側に立つ

ダブルストックでも重心を動かす方向は、ジャンプと同様に谷スキーのアウトエッジ側です。ここでもできればトップとビンディングの中間辺りを目標にしましょう。ジャンプやダブルストックでどの方向に重心を運べばエッジが切り換わるのかをつかみます。

この動きのコツ

ストックを構えるときの視線や身体の向きは、谷スキーのトップ方向のアウトエッジ側です。その向きを変えずにストックを突くと、スムーズにエッジを切り換えることができます。

Part3 コブ中級者のコブ攻略

ストックに頼らない①
ストックを叩いてターン

POINT❶ ターンの終わりを確実に作る
POINT❷ 切り換えまでに時間をかける

ストックを突く適切なタイミングを覚える

　コブでは次のターンに入る動きを焦りがちですが、そのなかで最も多い動きの1つがストックを突くタイミングが早くなってしまうことです。よい姿勢で滑ることでコブからの衝撃を股関節やヒザで吸収できますが、ストックを早く突いてしまうと谷側にバランスが崩れるため、よい姿勢をキープできなくなります。ストックを早く突かないための練習として、切り換え時に身体の前でストックを叩きましょう。そうすることでターンの終わりを確実に作ることができ、よい姿勢で切り換えられます。

POINT 1

ターンの終わりを確実に作る

ターン後半はよい姿勢でターンを終えることで、安定して次のターンに入ることができます。そしてよい姿勢でターンを終えるためには、コブ（雪面）から押し返される時間が必要です。ターン終わりから切り換えにかけてストックを叩くことで、強制的にこの時間を作る練習です。

POINT 2

切り換えまでに時間をかける

ストックを叩いたら、そのまま谷ストックを突きます。事前にストックを叩く準備が必要です。この練習を自分の滑りに活かすためには、ターン中盤から後半にかけてストックを構える→身体の前で叩く→そのまま突くという動作の時間と同じくらいの時間をかけて切り換えましょう。

ここではパラレルスタンスでの練習を紹介しましたが、プルークボーゲンでもできる練習です。恐怖心がある場合には、プルークボーゲンで行ってもいいでしょう。整地と同じように確実にターンを仕上げ、時間をかけて切り換えてみてください。

Part3 コブ中級者のコブ攻略

ストックに頼らない②
谷側の股関節を手で触る

POINT❶ つけ根を押して体重を乗せる
POINT❷ お尻を下げるくらいでOK

頭を前に出さずに股関節を触る

　コブでも整地でも、外向は取れるものの外傾が取れないという方が多く見受けられます。このドリルではノーストックでプルークをし、ターン後半に両手で谷側の股関節を触ります。そうすることで適度な外向傾、特に外傾を強制的に作ります。ターン後半に外向傾が取れているとスキーにしっかりと体重を乗せられ、次のターンに入りやすくなります。

　外向傾を取ろうとすると頭が前に出やすいのですが、これでは適度な外向傾は取れません。頭はスキーの真上にあることを意識してください。

POINT ①

つけ根を押して体重を乗せる

谷足の股関節（つけ根）を触って適度な外傾を作ると同時に、つけ根を真上から押しましょう。そうすることで谷足にしっかりと体重が乗り、確実にターンを仕上げることができます。

POINT ②

お尻を下げるくらいでOK

頭が前に出ないようにするためには、スキーの真上に沈み込みます。この時に少しお尻を下げる（雪面に近づける）ようにすると、重心をスキーの真上に置いたまま沈み込むことができます。

両手を股関節ではなく太ももに置いてしまうと、脚のつけ根は曲がらずに上半身がかぶった姿勢になってしまいます。そうすると重心の位置がズレてしまうため、触る位置はつけ根を心がけてください。

Part3 コブ中級者のコブ攻略

ターン終わりのハの字解消①
ジャベリンターン

- **POINT❶** 外スキーを山スキーの下に潜らせる
- **POINT❷** スキーを交差させるのはターン中盤からでOK

３つの「か」＋ひねり

　３つの「か」に加え、ターン後半部分ではいわゆる逆ひねり状態になることも必要です。逆ひねりは、狭い範囲でターンを素早く繰り返さなければいけないコブ斜面で必須となります（ゆったりバンクターンを除く）。３つの「か」＋ひねりの練習におすすめなのがジャベリンターンです。この動作は、肩狙いやボトム狙いで必要になる縦スライドのためにも必要な動作です。ひねりがないために身体の回転が強く出ると、テールが落ちすぎて横スライドから脱却できず、スイッチバックするエラーへとつながってしまいます。

POINT ❶

外スキーを山スキーの下に潜らせる

内スキーをクロスさせることは上半身を逆ひねり方向へと動かすことですが、3つの「か」のうちの回旋が止まってしまう恐れがあります。内スキーの下に外スキーを潜らせる意識でトレーニングし、スキーが回旋した結果ターン後半でひねりが発生する感覚をつかみましょう。

POINT ❷

スキーを交差させるのはターン中盤からでOK

スキーがフォールラインに向いた辺りから3つの「か」の姿勢に入り、上げた内スキーに外スキーを潜らせていきます。ターン中盤から後半でのひねり姿勢に気をつけてください。ターン前半からクロスさせると目的が変わってしまうので、ここでは前半はクロスをしないようにします。

外スキーが回旋することで結果的にスキーがクロスするという動きが最も大切です。クロスの角度の深さを求める必要はありません。外スキーが回旋した結果としてクロスすることを大切にしましょう。

PART1 整地で練習するコブ攻略の基本技術
PART2 コブ初級者のコブ攻略
PART3 コブ中級者のコブ攻略
PART4 コブ上級者のコブ攻略

Part3 コブ中級者のコブ攻略

動画はこちら

ターン終わりのハの字解消②
ノーストックで外足曲げ

POINT❶ 外足のつけ根を真上から押す
POINT❷ スキーの真上に重心を置く感覚をつかむ

スキーの真上に重心を戻してターンを終える

　ターン終わりにハの字になる場合は、外スキーを押し続け過ぎているか、重心が山側に残っていることがほとんどです。この動きから脱却するためには、ターンの終わりに重心をスキーの真上に戻すことが有効です。ターン中盤から後半にかけて両手で谷足のつけ根を押すことで、適度な外向傾姿勢を取りつつスキーの真上に重心を置く感覚がつかめます。この段階では自分からスキーに近づいていく動きを積極的に使って、重心をスキーの真上に戻す動きと感覚をつかんでください。

POINT ❶ 外足のつけ根を真上から押す

目的はよい姿勢でターンを終えることですから、足のつけ根に対して真上から力を加えて押します。その結果、前後左右上下にバランスが取れたよい姿勢が作れます。頭がビンディングの間、もしくはブーツの真上にあることがよい姿勢の目安になります。

POINT ❷ スキーの真上に重心を置く感覚をつかむ

この姿勢を止まった状態で作り、下から他の人に押してもらってください。そうするとスキーの上にどっしりと体重が乗っている感覚がつかめます。その感覚がつかめたら、実際に滑りながら同じ動きをしてみましょう。そうすることでバランスのよい安定した姿勢でターンを終えられます。

止まった状態でこの姿勢を作り、下から押してもらう

この動きのコツ

スキーの真上にどっしりと体重を乗せる姿勢ですが、谷側のヒジを雪に近づけるようにしてストックを構えることでも、この練習と同じような感覚がつかめます。自分の体重を効果的に使うことでまた、滑りの質が上がります。

PART1 整地で練習するコブ攻略の基本技術
PART2 コブ初級者のコブ攻略
PART3 コブ中級者のコブ攻略
PART4 コブ上級者のコブ攻略

column

硬いコブと柔らかいコブ

文/稲見紫織

　「ハイシーズンのコブは硬いから、春に柔らかくなってからコブは練習しよう」。そう考えている方は多いと思います。柔らかいコブは恐怖心も薄れ、挑戦もしやすいですよね。ただし、それはその前に硬いコブでの練習があってからこそ。硬いコブでしか得られない動きもあります。硬いコブをパラレルスタンスで滑ることが怖いという方は、プルークやシュテムでの練習だけでも構いません。まずはハイシーズンにもコブの練習をしてみてください。

　2023-24シーズンにコラボレッスンをした長野県八千穂高原スキー場のこぶスクールの木下校長は、「柔らかいコブは滑るたびに形が変わります。けれども硬いコブはそこまで形が変わらないため、何度も反復練習ができます。つまり再現性が高い練習ができます」と言っていました。まさにその通りで、この言葉に私もハッとさせられました。

　またコロナ前は毎年オーストリアへのツアーを実施していました。向こうは硬い雪も多く、しっかりとエッジを使わなければ滑れません。そのような雪質で滑ってから帰国すると、スキー操作が繊細になり、よい感覚で滑ることができました。私のスクールの代表である佐藤は常々「ビデオとアイスバーンはウソをつかない」と言っています。硬い雪の場合、小手先の滑りでは歯が立たないという意味だそうです。いきなり急斜面の硬いコブを滑る必要はありませんが、「チャレンジしようかな」と思えたら、ぜひ硬いコブや斜面にも挑戦してくださいね。

Part 4
コブ上級者の コブ攻略

Part4 コブ上級者のコブ攻略

丸みのあるターン弧で積極的に滑る

動画はこちら

POINT❶ スピードが上がってもターン弧を描く

ミゾの内側から入って外側に抜ける

　コブの形状を使うことで、より積極的なターン弧で滑れます。具体的にはミゾの内側からターンに入り、ミゾの外側でターンを仕上げます。

　このライン取りはバンクターンと呼ばれることもありますが、整地での丸みのあるターンと同じだと考えています。重要なポイントは、スピードが上がってもターンの前半がなくならないことです。パート3までの姿勢や動き、練習を踏まえて、その延長線上の滑りとして捉えて実践してください。ミゾの形によってスキーが走る滑りができます。

POINT ❶

スピードが上がってもターン弧を描く

ターンの前半がなければターン後半だけでコントロールすることになります。適度なスピードで滑ることでミゾから押される力が強くなり、その力に抗わないことでスキーが身体の真下に戻ります。確実に身体の下にスキーが戻った状態から次のターンに入りましょう。適度な逆ひねりがあることで、身体の下に戻ったスキーのエッジが自動的に切り換わります。

ミゾから押し返されてスキーが身体の下に戻る

身体の真下にスキーが戻ったらエッジを切り換える

フォールラインを過ぎた辺りで雪面を押す動きを止めることでスキーのたわみが解放され、ミゾの形状に沿ってスキーが素早く進みます。荷重を早めに止めるイメージでもよいでしょう。難しければ小さいプルークでやってみましょう。

Part4 上級者のコブ攻略

斜面に対して垂直に立つ

POINT❶ スキーに対して力を加えられる位置に立つ
POINT❷ ミゾの出口に対して垂直に立つと身体が遅れる

動画はこちら

フォールライン方向に対して直角に立つ

　「斜面に対して垂直に立つ」動きですが、勘違いしやすいのはスキーが横向きの時に垂直に立つことです。垂直方向に立つ目的は、足裏全体に体重を乗せられるからで、そのポジションで滑れるとスキーに対して筋力や体重、骨格を使って力を加えていくことができます。そのため、スキーがフォールラインを向いた際に斜面に対して垂直に立っていることが求められます。そのために必要になることは骨盤周りを斜面の下方向に出すこと。100ページの練習はこの動きが身につきやすいドリルです。

POINT ❶

スキーに対して力を加えられる位置に立つ

スキーをターン横方向に動かすことでエッジが立ち、たわみが生まれます。そのためには極端に言うと、ターン前半は少しつま先側で中盤はど真ん中、後半は少しかかと側に体重を乗せます。フォールラインを向いた際に、骨盤をビンディングのど真ん中に置くイメージです。

POINT ❷

ミゾの出口に対して垂直に立つと身体が遅れる

コブで起こりやすいミスは、切り換えるタイミングが早いため、切り換え直後に斜面に対して垂直に立ってしまうことです。こうなるとフォールラインでかかと側に乗りやすくスキー全体を動かせないため、スキーを振るようなターンしかできなくなってしまいます。

この動きのコツ

整地で一定のスピードのプルークファーレンができない人は、骨盤が後ろに下がっています。浅くイスに腰かけてから立ち上がると、自然に骨盤がよい位置に出ます。こうした動きをイメージしましょう。

Part4 コブ上級者のコブ攻略

自分から足を曲げない①
中間姿勢でコブを滑る

POINT❶ 腰の高さをキープし、極端に視線を上下させない

OK / NG

凸部分で足を伸ばす意識を持つ

　コブである程度スピードに乗って滑る場合には、曲げ伸ばし（ベンディング）を使います。ただしベンディングはあまりゲレンデで使う動きではないため、なかなか身につけることが難しい技術です。そこで極端に視線や腰を上下させない中間姿勢での滑りをしましょう。

　コブの凸部分に乗り上げる際には太ももの裏側やお尻の筋肉を使って軽く足を伸ばす動きをし、自分から足を曲げないようにします。そうすることでコブから押されて足が曲げられる感覚がつかみやすくなります。

POINT ①

腰の高さをキープし、極端に視線を上下させない

止まった状態で一度ジャンプして着地した姿勢をキープしてコブを滑ります。ストックを突くタイミングが早いと腰が浮くため、ビンディングのトゥピースがコブから出たくらいのタイミングでストックを突くようにしましょう。またコブの凹みに合わせてゆっくり動きます。

腰や視線の高さを変えないためには、骨盤周りをスキーの真上にキープし続けます。そのためには足を適度に伸ばして雪面を押し続けるようにします。まずは浅めのコブで練習しましょう。

PART1 整地で練習するコブ攻略の基本技術

PART2 コブ初級者のコブ攻略

PART3 コブ中級者のコブ攻略

PART4 コブ上級者のコブ攻略

Part4 コブ上級者のコブ攻略

自分から足を曲げない②
コブに押されて曲げられる感覚をつかむ

POINT❶ 腰の真下にスキーが戻る感覚をつかむ
POINT❷ 雪との力のやり取りでコブを滑る

軽く足を伸ばし続けると押されやすい

　ベンディングのメリットは、コブに一定の力を加え続けられることと、コブからの衝撃をコンパクトな動きで吸収できることです。そのためには94ページのように足を伸ばして力を加え続ける動きと、脚のつけ根（股関節）を柔らかく曲げ伸ばしする動きが必要になります。自分から足を曲げると、「曲げる→伸ばすための準備→伸ばす」と伸ばすまでにタイムラグが生まれてしまいます。一方で足を伸ばし続けると、「伸ばし続ける→曲げられる→伸ばし続ける」とタイムラグがなくなります。

POINT ❶
腰の真下にスキーが戻る感覚をつかむ

プルークで身体の真下にスキーが戻る感覚をつかみます。足が曲げられた状態から足を伸ばすと、フォールラインを過ぎた辺りで雪面から押されます。その力に逆らわずに股関節を緩めます。緩斜面の浅いコブを使うと雪面から押される感じをつかみやすくなります。

足を伸ばして雪面を押し続ける

POINT ❷
雪との力のやり取りでコブを滑る

コブから押される感覚がつかめたら、ショートターンでコブを滑ります。雪面を押し続けるとフォールラインを過ぎた辺りからコブに押されます。自分から押し続ける「動」とコブに押し戻されるのを待つ「静」といった雪とのやり取りを使って滑ります。

押し続けることで曲げられる「静」の局面

雪面を押し続けていく「動」の局面

雪面から押される（曲げられる）感覚をつかむためには、適度なスピードがあるほうがよいです。緩斜面でよいので余裕が持てる程度のスピードで滑りましょう。なお、押される感覚は急斜面や不整地でも使えます。

PART1 整地で練習するコブ攻略の基本技術
PART2 コブ初級者のコブ攻略
PART3 コブ中級者のコブ攻略
PART4 コブ上級者のコブ攻略

Part4 コブ上級者のコブ攻略

動画はこちら

ターン前半が作れない①
逆ジャベリンターン

- POINT① ターン始動時のクロスが大切
- POINT② クロスさせようとすることが大切

3つの「か」＋内足操作

　トップがクロスするジャベリンターンの反対、テールをクロスさせる逆ジャベリンターンを行ってみましょう。スキーを回旋させようとした時に、谷足（次の内足）が操作できない状態のまま、山足（次の外足）を回旋させようとすることで、始動時にハの時が出てしまうエラーがあります。荷重するのはあくまでも外足ですが、それを邪魔しない内足操作を行うことで、外スキーはスムーズに回旋させる事が可能になります。また、左右のスキーの同調操作にもつながるため、コブを滑っていてハの字が出てしまう方はぜひチェックしたいドリルです。

POINT ❶

ターン始動時のクロスが大切

ターン後半でクロスしたジャベリンターンとは反対で、逆ジャベリンターンではターン前半にクロスさせることが重要です。荷重ですが、外に加えて内足も同時に操作することで外スキーが通る軌道を邪魔しません。さらに「密脚で滑る」動きにもつながるドリルです。

POINT ❷

クロスさせようとすることが大切

ジャベリンターンの時と同様、どれだけ深くクロスできたかを競うドリルではありません。最初はテールをクロスさせようとするだけでも意味があります。外足荷重を一生懸命練習しているのに、スキーが小さなハの字に開いてしまう方は、この内足の操作にも着目してみましょう。

上げた内スキーのソールを立っている外足側に向ける感覚で行ってみましょう。ブーツとブーツは離れすぎず、両膝は大きく離れるような形になります。3つの「か」というベースに内脚操作を加えたドリルになります。

Part4 コブ上級者のコブ攻略

ターン前半が作れない②
切り換えで漕ぐ

- POINT❶ 重心を横方向に運ぶ
- POINT❷ 前半に雪面を捉える

エッジを切り換えるための時間を確保する

　整地での弧を描く滑らかなターンを、コブのなかでも同じように使えることが理想です。そのためには切り換え直後から雪面を捉えてターン前半を作ることがポイントになります。滑るラインが縦方向になるほど、エッジの切り換えよりもトップを下に向ける捻り返しを優先しがちです。ダブルストックで横方向に重心を移動することでエッジを切り換える時間を作り、結果としてターンの前半を作ることがこの練習の目的です。まずは大きく横移動をし、慣れたら少しずつ縦のライン取りで滑りましょう。

POINT ❶

重心を横方向に運ぶ

ハイスピードでの滑りなど大きな外力を使える場合は、瞬時にエッジを切り換えることができます。一方で適度にコントロールしながら滑る場合、切り換えには時間が必要です。重心を横方向に移動することで、エッジを切り換えるための時間を確保します。

POINT ❷

前半に雪面を捉える

エッジを切り換えるためには、重心移動や足首が返る動きが必要です。流れとしては、ターン後半に真下にスキーが戻る→次のターン方向に重心を移動する→足首が返りエッジが切り換わるになります。すべて自分で動くのではなく、コブの形状を利用しましょう。

トップを下げる意識が強いとトップ側に体重が集まり、スキーはフラットに近くなります。すると角付けよりもひねり要素のほうが強くなるため、前半がなくなってしまいます。こうなる場合には、斜面に垂直に立つ動き（84ページ）を加えてみましょう。

Part4 コブ上級者のコブ攻略

ターン前半が作れない③
切り換えで踏み換え

- POINT① 素早くスキーを開いて閉じる
- POINT② フォールラインを向く手前方向に進む

よい姿勢からよい方向に動く

切り換えには時間が必要になることはこれまで述べたとおりです。この練習も目的は、時間を使って横方向に動くことと、確実に次の外スキーへ荷重交換をすることです。シュテムターンのように開き出してスピードをコントロールしてから揃えるのではなく、パンパンと素早く動きます。そのためにはターン後半によい姿勢ができていることと、素早い荷重交換をする動きが必要になります。間隔が狭いコブでもこの動きが使えるようになると、最小限の横移動で切り換えられるようになります。

POINT ❶

素早くスキーを開いて閉じる

素早くシュテムターンをするように、パンパンのリズムでスキーを踏み換えて切り換えます。簡単に見えますが、よい姿勢とターンの仕上げ、正確な体重移動や外スキーの切り換え、適度な外向傾と、安定した滑りに不可欠な要素が詰まっています。

POINT ❷

フォールラインを向く手前方向に進む

片足を持ち上げた不安定な姿勢でトップをフォールラインに向けてしまうと、一気に加速してバランスを崩します。重心を横方向に移動しながら踏み換えることで、ターン前半が作れる角度にスキーの角度を合わせる感覚が身につきます。

どうしても踏み換えでトップがフォールラインを向いてしまう場合には、①上半身がフォールラインを向いている、②ターンの仕上げが不十分の可能性が高いです。この2点をチェックしてみましょう。

Part4 コブ上級者のコブ攻略

ベンディングターンを磨く

動画はこちら

POINT❶ 雪面に対して働きかける
POINT❷ 雪面から押し返される

股関節をメインにしてコンパクトな動きをする

　ベンディングの質を上げるためには、雪とのやり取りを感じることが重要です。整地と同様に、切り換えからターン中盤にかけては、腰の高さを変えずに足を伸ばして雪面に圧を加えていきます（荷重）。そうすることでスキーが身体から離れてエッジが立ち、たわみが生まれます。ターン中盤以降はスキーにかかる圧を緩めるのですが、自分で足を曲げるのではなく、雪から押し返される力を利用します。そのためには外向傾姿勢が重要で、この姿勢がキープできるからこそ、雪とのやり取りが生まれます。

POINT ❶

雪面に対して働きかける

ターン外方向に足を伸ばして力を加えるためには、上半身をターン外側に向けた外向傾姿勢が必要です。上半身が力を加えたい方向を向くことで、強い力が加えられます。これはコブに限らず、どのシチュエーションでも重要になる姿勢です。

POINT ❷

雪面から押し返される

押し返されるときにポイントとなるのが足のつけ根（股関節）です。この部分の張りを緩めることで、雪面からスキーが押し返されます。コブの形状はこの押し返される感覚がつかみやすいのですが、感覚が薄くて難易度が上がる整地でもチャレンジしてみましょう。

コブを乗り越える際に自分で足を曲げてしまうと、切り換えから雪面を押す動きが1テンポ遅くなります。まずはプルークでトライしましょう。雪から押される感覚がつかめると自ら足を曲げる必要がなくなりますし、クラストやパウダーでも有効です。

Part4 コブ上級者のコブ攻略

最新のコブ理論①
迎え角と雪面抵抗を考える

動画はこちら

迎え角がターンに必要な理由

　本書の最後に、私（角皆）が考える最新のコブ理論を紹介したいと思います。

　これまでたくさんの滑りのポイントやドリルを紹介しましたが、きちんとした理論を知ることでコブへの理解が高まり、より早くコブが滑れるようになったり、より質の高い滑りができるようになります。

　さて18～25ページで紹介した迎え角ですが、これは「重心の進行方向に対してスキーがどれだけ傾いているか」であり、「斜面を真上から見たとき、重心の進行方向に対してスキーの向きがどれだけ異なっているのか」を示す角度になります。

　また滑走中にスキーヤーにかかる主な外力には、下に引く重力と横に引く遠心力の合力があり、これに対抗するために外向傾姿勢が必要になることもすでに述べたとおりです。

　言い換えると、継続的にターンを続けるためには迎え角を作り続ける必要があり、大きな減速をする場合には大きな迎え角を利用したほうがより簡単ということです。

　現在のスキーの形状（大きなサイドカーブ）は、簡単にターンができると言われますが、その理由は少ない迎え角でもスキーがたわむからです。けれどもバランスよくコントロールして滑り続けるためには、このスキーのたわみを調節する必要があります。それが適正な迎え角を作ることです。

　そして適正な迎え角を作るためには、逆ひねり（外向）が重要になります。繰り返しになりますが、ターンを続けるためには迎え角を作り続ける必要があり、スピードコントロールも迎え角を考えることで理解しやすくなります。このように、迎え角はスキーにおける基本的かつ重要な概念であり、ターンやスピードコントロールを理解する上で欠かせない知識になります。

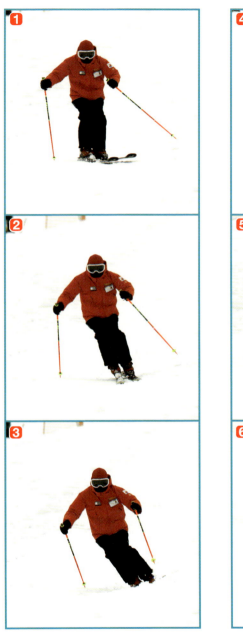

コブ斜面ではコブの落差によって、スキーが強制的にたわみます。そしてたわんだスキーは瞬間的に解放されます。整地と比べるとスキーの曲がる量は大きくなり、解放された時も瞬時に反対方向に曲がりやすくなります。このたわみとその解放を繰り返すことがコブ斜面の特徴です。こうした動きは縦方向の迎角によってもたらされます。

Part4 コブ上級者のコブ攻略

最新のコブ理論②
スライドは低速での滑りに向いている

スライドが中高速には向かない理由

コブ初心者は俗に「ズルドン」と呼ばれるスライドでのターンを教わることが多いでしょう。この滑りでは、コブの裏側にある丸く広い場所を横滑りで降ります。

同じ技術を整地で使う場合にはターン前半を短くし、ターン後半を長くしてズラし降ります。これを整地で使うなら迎え角が大きくなるため、スピードコントロールに適した技術と言えます。止まる時と似ている技術とも考えられます。

しかしコブ斜面では縦（3次元的）の起伏があり、スキーを横に向けてズラす場所は斜度が急になります。

この斜度が急になる場所は、スキーヤーにとってマイナスの迎え角を生んでしまいます。そのためスピードが出るほど、この場所でブレーキを掛けることは難しくなります。スキーを横にしても、スキーと斜面が離れる（逃げていく）ため、大きな摩擦抵抗を得ることができないからです。ゆっくりと滑る場合は、自分の体重や重心の上下動で、斜面を削ることができます。しかしスピードが上がるにつれて、摩擦抵抗は減っていきます。

そのため、スライドはゆっくりした速度限定のテクニックだと考えてください。

スライドのままスピードアップをすると次のコブにぶつかるような滑りになり、結果として身体への負担が大きくなり、スピードもそれほど上げられない滑りになってしまいます。

またスキーを自由に動かせる場所が少ないコブ斜面では、ある程度のスピードで滑っている際に不用意にスキーを横に向けることでコブから飛び出してしまうことがあります。

さらに湿った重い雪質では、身体が落下する真下方向に対してスキーが真横方向を向くため、身体とスキーが進む方向が異なり転倒の原因になります。

スライド時にスキーを横にするほど迎え角は増します。しかし斜面が逃げていくため、スピードをコントロールするためにはゆっくりと滑る必要があります。

Part4 コブ上級者のコブ攻略

最新のコブ理論③
バンクターンは中間的スピードが効果的

避けて通れないバンクターン

バンクターンはコブの外側の壁（バンク）を利用する滑り方です。

バンクは外側が高くなっているため、回転するスキーをしっかりと押さえる役割を果たします。

スキーヤーがスピードを上げるほど遠心力は強まり、バンクがより強くスキーを押さえます。つまりスキーヤーのスピードが上がるほど、より精度の高いカービングターンに近づき、スキーをズラしにくくなります。これはバンクがスキーを押さえてズラしにくくするからです。

逆にゆっくりと滑る場合には横方向にスキーヤーを引く遠心力が足りず、バンクから滑り落ちてしまいます。そのため滑らかにバンクを滑るためには、速すぎてもゆっくりすぎても難しいということになります。

コブの形状にもよりますが、基本的にバンクを使ったターンには適正スピードがあると考えてください。ただし82ページで紹介している「丸みのあるターン弧で積極的に滑る」は、より

スキーのたわみを引き出し、一気に解放する上級テクニックです。そのため、キレのある整地のショートのようにスキーに走りが生まれます。

現代のカービングを中心としたスキーテクニックでのコブ滑走を考えると、バンクターンは避けて通れない技術となります。

モーグルのような細かいコブでなく、ピッチの広い一般的なコブをカービングで滑りたい場合には、バンクターンが最も適しているからです。またこの後で紹介するダイレクトライン（ポーパスターン）へと結びつけるためにも、バンクターンはマスターしておくべきテクニックです。

ダイレクトラインとバンクターンは、見た目は大きくかけ離れています。しかし、コブの形状が生みだす迎え角を利用するという点では、多くの共通点があります。

中間的スピード、すなわちバンクターンに適したスピードでコブを滑っています。バンクから受ける抵抗もそれほど強くないため、一定のスピードが保ちやすくなります。

Part4 コブ上級者のコブ攻略

最新のコブ理論④
ダイレクトラインを迎え角で切る

究極のコブテクニックは縦の迎え角

コブやウェーブのように凹凸のある斜面では以下のことが起こります。
①コブの急斜面（スキーヤーから逃げていくところ）を押し、緩斜面（スキーヤーに向かって盛り上がってくるところ）で圧力を掛けなければスキーヤーは加速する。
②コブの急斜面（スキーヤーから逃げていくところ）を押さず、緩斜面（スキーヤーに向かって盛り上がってくるところ）で圧力を掛けた場合にはスキーヤーは減速する。

このうちの②が可能になる理由は、縦の迎え角（右のイラスト）が生まれるからです。つまりこの方法はターン後半でスキーを雪に強く押しつける動きと同じ抵抗を生むのです。そしてこの動きは、コブやウェーブでなければ使えない、特有のブレーキとなります。

縦の迎え角とは、斜面を断面図的に見たときに生じる迎え角を指します。整地では重心の進行方向と斜面の方向は基本的に平行なため、縦の迎え角は存在しません。しかしコブ斜面のように凹凸がある場合は、縦の迎え角を生むことが可能となります。

コブの凹みから反力を受ける時、スキー板と重心の進行方向との間に迎え角が生まれることが理解できるでしょう。

整地のターンとコブを縦に滑るターンを比較すると、どちらも同じタイミングで減速する力を受け、ブレーキを掛けています。このような特性から、コブの中での滑走は縦の迎え角を利用したターンと考えてもよいのではないでしょうか。

縦の迎え角はコブ斜面特有ですが、コブをより合理的に滑りたいスキーヤーにとって、重要な概念となります。斜面の凹凸を読み取り、適切な縦の迎え角を作ることができれば、より効果的なスピードコントロールが可能になるからです。

ダイレクトラインは減速要素を最小限に抑えたハイスピードの滑りですが、縦の迎え角を理解できればこの滑り方でもコントロールができるのです。

縦の迎え角とは

スキーをできるだけスライドさせずに、縦の迎え角から雪面抵抗をもらうターンになります。バンクから横方向の抵抗を受けるのではなく縦の迎え角を中心にスピードコントロールします。

PART1 整地で練習するコブ攻略の基本技術

PART2 コブ初級者のコブ攻略

PART3 コブ中級者のコブ攻略

PART4 コブ上級者のコブ攻略

Part4 コブ上級者のコブ攻略

最新のコブ理論⑤
モーグルの滑りが基礎スキーにも波及!?

縦の迎え角の作り方がカギとなる

現代のコブ斜面の滑走技術は、過去の基礎スキーのコブの滑り方とは大きく異なります。特にモーグル的な滑りでは、縦方向の迎え角による減速要素を使う割合が大きいことが特徴です。

また現在の基礎スキーのコブの滑り方もモーグル的な滑りに近づいており、横方向の迎え角よりも縦方向の迎え角をより重要視し、双方の違いは少なくなっています。

現在のモーグルの滑りの基本は、「ポーパスターン」や「ニューライン」、もしくは「ダイレクトライン」と呼ばれています。これはコブの高低差のあるラインを通り、対面のコブにスキーを突き刺すような滑りです。スキーがコブの波を上下に縫うような動きになることから、「ポーパス（イルカ）」と呼ばれます。

ポーパスターンは、速度だけでなくターンの質も高く評価される技術です。一方で「ヒールキック」と呼ばれる、コブをかかとで叩くような滑りは、質が低く失敗したターンとも評価されます。2つの滑りは真逆の評価に見られますが、実はこの2つの滑りは表裏一体の関係があります。

ヒールキックはテールでコブを叩き減速要素を得ます。ポーパスターンはスキーのトップをコブに差し込んで減速要素を得ます。つまり、どちらも縦の迎え角を作っています。

現代のコブ滑走技術は、モーグル競技から大きな影響を受けています。なぜならモーグルスキーヤーたちはコブのエキスパートであり、細かく深いコブ、つまり難しいコブを軽々と滑るからです。

この細かく深いコブを考えた場合、縦方向の減速要素に重点を置かざるをえません。なぜならスキーを横方向に振るスペースも時間もないからです。そのため、積極的に縦の迎え角を利用せざるをえないのです。

縦の迎え角
（ボーパスターン）

重心移動の軌跡

縦の迎え角

縦の迎え角
（ヒールキック）

重心移動の軌跡

縦の迎え角

スキーのテール部分でコブを叩いて減速するヒールキックの滑りです。スライドターンからスピードアップすると、こうした動きに変化しやすくなります。コブが細かく深いコースを滑る時は、縦の迎え角を利用せざるをえず、そうでなければ完走すること自体が困難になります。

107

Part4 コブ上級者のコブ攻略

最新のコブ理論⑥
上下動の重要性

＜ 縦の迎え角を使いこなすことがコブの達人への道 ＞

　縦の迎え角を利用するうえで大切になる動きは、重心の上下動です。重心をコブの迎え角に合わせて上下動させ、エネルギーをコブの迎え角を押さえる強さに変換します。

　重心の上下動を縦の迎え角に使えると、より繊細な圧力のコントロールができます。一見、上級者の滑りはベンディング的に見えますが、重心の上下動を伴わないベンディングは暴走しやすくなります。

　上下動のあるショートターン（24ページ）がここでも役に立ちます。わずかな重心の上下動を滑走スピードに加えて、コブの迎え角を押さえたり、その圧力を解放したりします。

　こうした縦の圧力コントロールが、現代のコブ滑走における頂点の技術となるでしょう。つまり、コブ斜面を高速で滑るためには、コブの形状的な特性を正しく理解し、コブによる縦の迎え角を利用することが大切です。

　そして縦方向の減速要素を最大限に活用することが必要になります。

　特にモーグル競技ではコブが細かく、ほとんどの選手が縦のミゾを刻むため、横方向の迎え角がほぼ使えなくなります。そのため、いかにして縦の迎え角を作り出すかが、スピードコントロールの鍵となります。

　横方向の迎え角を利用するバンクターンから縦方向の迎え角を利用するダイレクトラインへの変化が、基礎スキー界にも巻き起こっています。2024年の技術選手権では男子の上位選手のみならず、女子選手も縦の迎え角を多用して滑る選手が見られました。こうした変化はこれからも、より強まっていくのではないでしょうか。つまり、これからのコブ攻略法は「縦の迎え角」に掛かっています。

　縦の迎え角を理解してこれを使いこなすことができたら、あなたもコブの達人となれるでしょう。